KB021222

스페인
은의
세계사

Conquistadores, pirati, mercatanti
La saga dell'argento spagnuolo

스페인 은의 세계사

1500~1800년,
아메리카의 은은 역사를 어떻게 바꾸었는가?

카를로 M. 치폴라 지음 | **장문석** 옮김

일러두기

1. 이 책은 이탈리아어판을 완역한 것으로, 원서 제목은 『정복자, 해적, 상인: 스페인 은의 모험담(Conquistadores, pirati, mercatanti: La saga dell'argento spagnuolo)』이다. 원서에는 각 장에 제목이 없으나 독자의 이해를 돕기 위해 한국어판에서는 장 제목을 새로 붙였다.

2. 본문에서 *표시의 각주는 옮긴이의 것이다.

3. 지은이의 주석은 본문에 번호를 달고 후주로 밝혔다.

4. 본문에서 인명, 지명 등은 일일이 원어를 병기하지 않는 것을 원칙으로 했다. 대신 찾아보기에 원어를 같이 실었다.

Conquistadores, pirati, mercatanti   **차례**

카를로 M. 치폴라에 대하여

카를로 M. 치폴라^{Carlo M. Cipolla}는 1922년 8월 15일 이탈리아 파비아에서 아버지 만리오 치폴라^{Manlio Cipolla}와 어머니 비앙카 베르나르디^{Bianca Bernardi} 사이에서 태어났다. 중간 이름인 'M.' 또는 '마리아^{Maria}'는 카를로 자신이 동명의 다른 학자들—예컨대 토리노대학교의 근대사 교수 카를로 치폴라(1854~1916년)가 있었다—과의 혼동을 피하기 위해 나중에 미국 체류 당시 붙인 것이다. 그리하여 책과 논문에는 'M.'이 항상 붙지만, 호적상으로는 붙지 않았다고 한다. 그는 고향 파비아에서 리체오(고등학교)를 졸업한 뒤 1940년 파비아대학교 정치학부에 입학하여 1944년 6월에 우수한 성적으로 라우레아 학위를 취득했다. 그 후 치폴라는 프랑스 소르본대학교와 영국 런던정경대학 등에서 학업을 이어 갔다. 치폴라에게 역사학의 길을 알려준 사람은 파비아대학교에서 중세 유럽 경제사를 가르치던 프랑코 보를란디 교수였다. 그의 제안으로 치폴라는 파비아 문서고에서 중세부터 19세기에 이르는 방대한 인구 통계 자료들과 씨름했다. 이때의 문서고 작업은 치폴라에게 사료 작업이라는 원형적 경험을 제공했고, 평생 역사가로서 확고한 정체성을 갖는 계기가 되었다.

경제사를 평생의 업으로 삼은 치폴라는 경제학에 무관심하거나 무지하지 않았다. 오히려 정반대였다. 그에게 이론 없는 사실들은 돌무더기에 불과했다. 물론 이론도 절대적인 것이 아니라 사실들을 분류하고 분석하는 도구일 뿐이었다. 그럼에도 그는 역사가들이 경제학에 정통해야 한다고 생각했다. 치폴라의 4년 후배이자 또 한 명의 뛰어난 이탈리아 경제사가 루치아노 카파냐는 치폴라에게서 들은 가장 큰 질책이 "경제학을 모른다"라는 말이었다고 회고했다. 그럼에도 치폴라는 역사가로서 강한 자의식을 갖고 있었다. 그에게 이론은 궁극적으로 사실을 대체하지 못했다. 그는 역사학을 아는 경제학자라기보다는 경제학을 아는 역사가였던 것이다.

그렇다면 치폴라는 어떤 유형의 역사가였는가? 다시 카파냐에 따르면, 역사가의 세계에는 두 종류의 역사가가 있다고 한다. 한 그룹은 철저히 '사료'를 파고드는 역사가들이고, 다른 그룹은 '문제' 중심의 역사가들이다. 물론 현실에서 두 그룹이 말끔히 구별되는 것은 아니다. 그럼에도 모든 역사가는 어느 정도 두 그룹 중 한

쪽으로 기우는 경향이 있다. 치폴라는 '사료'와 '문제' 사이에서 정확히 균형을 이룬 역사가였다. 카파냐의 표현을 빌리자면, 치폴라는 "순진무구한 문서고 벌레이자 동시에 자신을 사로잡고 있는 주제들에 대해 다른 연구들이 얼마만큼 진척되었는지를 확인하고, 또한 자신의 작업과 가설의 맥락에서 미리 다른 연구 결과들을 평가하기 위해 다른 연구 성과들을 극도로 집중하여 왕성하게 읽어 치우는 독서가"였다.*

치폴라는 학자로서 공식 경력을 1949년에 이탈리아에서 다소 변방이라고 할 수 있는 시칠리아의 카타니아대학교에서 시작했다. 그러나 이후 치폴라는 학자로서 명성을 얻으며 학계에 혜성처럼 등장했고, 점차 이탈리아와 세계 학계의 중심에 입성하기 시작했다. 그는 이탈리아 국내에서 카타니아대학교를 시작으로 베네치아대학교, 토리노대학교, 파비아대학교의 교수직을 차례로 거쳤다. 그런 가운데 치폴라는 1953년에 풀브라이트 연구비를 받아 미국에 갈 수 있었고, 거기서 중세 유럽 경제사에 대한 연구 업적을 인정받아 1957년에 초빙 교수가 되었고 2년 후에는 정식으로 캘리포니아대학교 버클리 캠퍼스의 경제학과 교수진에 합류할 수 있었다. 그 후 치폴라는 대서양을 사이에 두고 버클리와 파비아를 오가

---

* Luciano Cafagna, "Ricordo di Carlo Maria Cipolla," *Rivista di Storia Economica*, 17: 2 (2001), 235~236쪽.

며 연구 및 교육 활동에 종사했다. 그는 캘리포니아대학교에 1980
년대 초까지 재직했고, 1991년에 은퇴할 때까지 파비아대학교 외
에 피렌체 인근 피에졸레의 유럽대학교와 피사고등사범학교 등에
서 교편을 잡았다.

1950년대 학자 경력 초기에 치폴라를 사로잡은 연구 분야는
중세 유럽의 화폐와 가격의 역사였다. 바로 이 분야에서 치폴라는
두각을 나타내며 세계 학계로부터 인정받았다. 그는 이 시기에 여
러 논문과 단행본을 이탈리아어와 프랑스어, 영어 등으로 활발하
게 출간했다. 특히 1950년대 화폐사 연구의 원형이 된 것으로 보
이는 저술이 바로 1948년 파비아에서 출간된 『화폐사 연구』였다.*
이 책에서 치폴라는 14세기 말부터 16세기 초에 이르는 시기에 금
화인 '두카토'와 밀라노의 '리라' 사이의 관계를 통해 화폐와 경제
주기의 함수 관계를 논했다. 이 화폐사의 흥미로운 주제는 치폴라
가 미국에서 연구 활동을 할 때 신시내티대학교에서 행한 일련의
강연을 묶어 1956년 프린스턴대학교 출판부에서 출간한 『지중해
세계의 화폐, 가격, 문명』에서 좀 더 포괄적인 시각으로 재론되었
다.** 이 책에서 그는 5세기부터 유럽 경제가 화폐 경제에서 자연
경제로 퇴화하는 과정, 다시 중세 말부터 화폐가 활발하게 통용되
면서 상업과 국제 무역이 증진되는 과정을 흥미롭게 보여 주었다.
특히 중세 말에 국지적으로 통용된 아주 낮은 액면가의 "잔돈petty
coins"의 기능과 "중세 달러"라고 할 수 있는 비잔티움화와 플로린

스페인 은의 세계사

화 등의 안정된 화폐의 역할에 주목했다. 이 연구를 통해 치폴라는 "잔돈"의 가치 하락이 오히려 금화의 안정성을 보장하는 안전밸브의 역할을 했다고 주장했다.*** 여기서 이미 작은 것들에 대한 미시적 관심과 큰 것들에 대한 거시적 안목이 균형 잡힌 상태로 공존하는 '치폴라적' 연구의 특징이 상징적으로 잘 나타났다.

1950년대 치폴라의 초기 화폐사 연구를 마무리한 글은 프랑스의 『아날』지에 실은 "무함마드 없이는 샤를마뉴도 없다"라는 논문이었다.**** 논문 제목은 충분히 짐작할 수 있듯이 저명한 중세 사가 앙리 피렌의 테제에서 유래했는데, 피렌과는 조금 다른 각도에서 지중해를 사이에 둔 유럽 세계와 이슬람 세계의 연관성을 규명했다. 샤를마뉴(카롤루스 대제)의 화폐 개혁은 이후 유럽 경제사에 깊은 흔적을 남겼다. 이 개혁은 그보다 약 한 세기 전에 이슬람 세계에서 있었던 화폐 개혁에서 영향을 받은 것이었다. 즉 프랑크 왕국의 카롤루스 왕조가 단행한 화폐 개혁은 이슬람의 팽창으로 지

---

*Carlo Cipolla, *Studi di storia della moneta* (Pavia, 1948).

**Carlo M. Cipolla, *Money, Prices, and Civilization in the Mediterranean World: Fifth to Seventeenth Century* (Princeton: Princeton University Press, 1956).

***Frank Spooner, review of *Money, Prices and Civilization in the Mediterranean World, Fifth to Seventeenth Century, Renaissance News*, 11: 3 (1958), 193~195쪽; David Herlihy, review of *Money, Prices, and Civilization in the Mediterranean World: Fifth to Seventeenth Century, Speculum*, 32: 2 (1957), 343~345쪽.

****Carlo M. Cipolla, "Sans Mahomet, Charlemagne est inconcevable," *Annales ESC*, XVI (1962).

중해에서 후퇴하여 자연 경제로 퇴행한 유럽의 한낱 고립된 에피소드에 지나지 않는 것이 아니라, 이슬람 세계에서 발생한 화폐 개혁의 충격 속에서 전개된 것이었다. 이런 논의를 통해 치폴라는 두 세계가 피렌의 테제가 상정하듯이 서로 간에 완전히 고립되어 있었던 것은 아니라고 주장했다.*

과연 1950년대 화폐사 연구는 치폴라의 학문 세계에서 확고한 근간이었을 뿐만 아니라 그 연구들에서 번뜩인 통찰은 후속 연구들에도 투영되어 (이런 표현이 가능하다면) 치폴라 특유의 '역사철학'의 핵심 내용을 이루게 되었다. 이 점을 잘 보여 주는 것이 1952년에 발표된 「이탈리아의 쇠퇴」라는 글이다.** 이 비평에서 치폴라는 유럽에서 조숙하게 발전한 이탈리아 경제가 쇠퇴하게 된 다양한 원인을 논구했다. 이를테면 생산성 하락과 지나친 임금 상승, 과도한 운송 비용 등이 주목할 만한 쇠퇴의 요인들이었다. 그중에서도 특히 치폴라는 완숙한 경제를 이룬 선발국들first comers에서 자주 확인되는 특징인 혁신을 회피하고 현실에 안주하는 보수적 정신 상태를 중요한 쇠퇴 원인으로 꼽았다. 이런 보수주의는 역동적으로 등장하는 젊은 후발국들과의 경쟁에서 선발국을 뒤처지게 한 주된 요인이었다. 말하자면 이탈리아에는 필요한 모든 것이 다 있다는 자족과 안주가 이탈리아를 뒤처지게 했다는 것이다. 이런 논점은 나중에 치폴라가 유럽과 중국의 관계를 논하면서 모든 것을 갖춘 중국이 유럽과의 경쟁에서 뒤처진 이유를 설명하는 대목과 매우 유사해 보인다. 이를테면 이탈리아는 유럽의 중국이었던 것이다. 이런 논의에서 치폴라는 단순히 경제적 변수들만이 아니라 사회문화적 요인들이 경제에 미치는 중요한 요인들을 균형 있고 폭넓게 파악하고 있었던 것으로 보인다. 실제로 치폴라는 경제 이론의 분석 도구로서의 가치를 잘 인식하고 있었지만, 가치 등락과 경제 변동 뒤에는 언제나 등락하고 변동하는 인간과 사회가 있음을 한시도 잊지 않았다.

또 한 가지 치폴라의 '역사철학'에서 핵심 내용은 1961년에 발표된 「인류사의 동력원」이라는 논문에 잘 나타난다.*** 이 논문에는 훗날 치폴라의 여러 책에서 반복되어 표명될 중요한 하나의 이념이 다음과 같이 표현되어 있다. "인간의 삶, 인간의 행위는 무엇보다 그가 이용할 수 있는 동력원에 의존한다. 동력 없이는 삶도, 창조적 행위도 있을 수 없다. 물론 동력은 유일한 게임의 말은 아니다. 게임의 말로 치자면 물도 있고 몇몇 1차 원료들도 있으며 토질과 커뮤니케이션의 가능성, 적당한 기후 등도 있다. 하나 더 추가하자면 역동적이고 유리한 사회문화적 환경을 꼽을 수 있다. 이 모

---

* "Cipolla, Carlo," *Dizionario biografico degli Italiani*. http://www.treccani.it/enciclopedia/carlo-cipolla (검색일 2015년 2월 27일).

** Carlo M. Cipolla, "The Decline of Italy: The Case of a Full Matured Economy," *The Economic History Review*, V (1952-1953).

*** Carlo M. Cipolla, "Le fonti d'energia nella storia dell'umanità," *Economia internazionale delle fonti d'energia*, V (1961).

든 것이 본질적 요인들이다. 그러나 동력의 이용 가능성이야말로 원료의 조직화를 위한 필수적 토대를 대표한다. 나는 하나의 전제로서 (…) 다양한 형태의 동력 이용이 실제로 인류의 물질적 역사의 핵심적 요인을 이룬다는 점을 논증하고 싶다."* 이것은 두말할 필요도 없이 치폴라의 가장 핵심적인 테제들 중 하나일 것이다.

확실히, 이 테제는 치폴라의 연구 전체를 관통하는 주제인 '서양의 대두'를 설명하는 데 결정적인 역할을 한다. 예컨대 그는 1965년에 영어로 출간한 유명한 저서 『대포, 범선, 제국』에서 서양의 우위를 가능하게 한 요인을 대포와 범선의 효율적 이용에서 찾았다.** 그런데 대포와 범선이라는 것도 결국 화력과 풍력이라는 동력원을 효율적으로 이용한 장치들이 아닌가? 또한 치폴라는 1967년에 출간한 또 다른 저서 『시계와 문명』에서도 기계 시계(태엽 시계)의 개량과 확산 과정에서 인력을 기계력으로 바꾸려고 하는 유럽인들의 이른바 "기계적 전망mechanical outlook"을 발견한다.*** 바로 이것이 중국과 유럽의 엇갈린 운명과 유럽 근대 문명을 설명하는 중요한 요인이라는 것이다. 사실, 새로운 동력원의 발견과 효율적 이용은 인류사를 근본적으로 결정한 가장 중요한 발전을 몰고 왔다. 산업 혁명이 바로 그것이었다. 치폴라 자신이 "그 어떤 혁명도 산업 혁명만큼 혁명적이지는 않았다."****라고 봄으로써 역사상 '가장 혁명적인' 혁명으로 추켜세운 산업 혁명도 따지고 보면 동력원을 인력과 축력 등 생물학적 동력에서 무생물 동력

　　　　　　　　　　　　스페인 은의 세계사

으로 바꾸어 나간 과정이 아니었는가? 그런 점에서 학자들이 대체로 동의하듯이, 산업 혁명의 본질은 동력 혁명인 것이다.

물론 치폴라에게 산업 혁명은 인류의 물질적, 경제적 역사에서 중요한 이정표였지만, 하늘에서 갑자기 떨어진 것은 아니었다. 그것은 오랫동안 축적된 역사적 과정의 한 정점이었다. 그리하여 치폴라는 1976년에 펴낸『산업 혁명 이전』에서 산업 혁명으로 정점에 달하게 될 서기 1000년에서 1700년에 이르는 유럽의 장기 지속적인 발전 과정을 고찰했다.***** 이 책에는 방금 지적한 치폴라 특유의 '역사철학'을 이루는 두 가지 핵심적 요인, 즉 선발국과 후발국의 차이 및 동력원의 효율적 이용 가능성, 그리고 이 두 가지 요인을 하나로 통합하는 사회문화적 환경의 중요성이 잘 나타나고 있다. 치폴라는 700년에 달하는 장기적인 고찰을 통해 서기 1000

---

* "Cipolla, Carlo," *Dizionario biografico degli Italiani*. http://www.treccani.it/enciclopedia/carlo-cipolla (검색일 2015년 2월 27일).

** Carlo M. Cipolla, *Guns and Sails in the Early Phase of European Expansion* (London: Random House, 1965)[카를로 M. 치폴라,『대포, 범선, 제국: 1400-1700년, 유럽은 어떻게 세계의 바다를 지배하게 되었는가?』, 최파일 옮김 (미지북스, 2010)].

*** Carlo M. Cipolla, *Clocks and Culture, 1300-1700* (London: Collins, 1967)[카를로 M. 치폴라,『시계와 문명: 1300-1700년, 유럽의 시계는 역사를 어떻게 바꾸었는가』, 최파일 옮김 (미지북스, 2013)].

**** 인용문은 Alberto Mingardi, "La Rivoluzione più rivoluzionaria è quella industriale," *Il Sole 24 Ore* (15 maggio 2013).

***** Carlo M. Cipolla, *Before the Industrial Revolution: European Society and Economy, 1000-1700* (New York: W. W. Norton, 1976).

년경 유럽의 후진성과 1500년경의 발전, 그리고 1700년경 이후 유럽의 기술적 리더십을 극적으로 대비했다. 유라시아 대륙의 변방에 지나지 않던 유럽이 장기간에 걸쳐 '가랑비에 옷이 젖듯이' 어느새 이슬람과 중국을 제치고 세계의 선두 지역으로 발돋움한 것이다. 이 책에서 치폴라는 그럴 수 있었던 중요한 이유를 비잔티움 제국이나 중국과는 대조적으로 유럽이 스스로의 상황에 자족하고 안주하지 않았다는 것과 세속적인 현세 지향성이 상대적으로 우세했다는 사실에서 찾았다. 즉 유럽은 세계의 후발 주자로서 항상 배가 고프다고 느꼈고 그만큼 자연력을 정복하여 현세의 삶을 낫게 만들려는 의지가 강했다는 것이다.*

이런 특징은 예컨대 13세기 유럽에서 처음 등장한 기계 시계의 사례에서 잘 드러난다. 기계 시계 제작은 애초에 기계 시계가 효율적이었기 때문에 유럽에서 성행한 것이 아니었다. 당시 기계 시계는 부정확하여 해시계나 물시계로 자주 시간을 다시 맞추어야 했다. 치폴라에 따르면, 유럽인들이 기계 시계를 선호한 것은 인력을 기계의 힘으로 대체하려고 한 "기계적 전망"에서 비롯된 것이었다. 이런 기계적 세계관은 이미 오래전부터 유럽 전역에 확산된, 기계 장치를 갖춘 방앗간mill 등에서 확인할 수 있다. 또한 14세기 유럽을 강타하여 인구의 약 3분의 1을 앗아간 흑사병으로 노동력이 현저하게 감소한 경험도 유럽 문화 특유의 기계 지향성을 강화했을 것으로 추정된다. 이로부터 시계를 비롯해 기계 장치를 제작하는 수공업자들과 그들의 기술을 존중하는 사회문화가 형성되었다. 수공업자들은 문자 해득률이 높고 새로운 신앙에 개방적인 귀중한 인적 자원이었다. 이들은 종교 박해를 피해 영국과 스위스, 스웨덴 등지로 이주함으로써 그곳에 산업적 활력과 역동성을 불어넣었다. 실제로 치폴라는 다른 책에서 문자 해득률 및 프로테스탄티즘과 경제 발전의 긴밀한 연관성을 본격적으로 논증하기도 했다.** 과연 시계는 유럽이 동양에 내놓을 수 있는 유일하게 내로라하는 상품이었다(사실, 중국은 은 이외에 서양 상인들이 가져온 물품들에 일밀의 관심도 보이지 않았다). 중국에서도 기계 시계는 인기몰이를 했다. 그러나 중국에서 시계는 장난감에 불과했다. 중국 장인들도 기술력이 출중했지만 중국에서 수공업자와 기술을 존중하는 문화는 미미했다. 이곳에서 기계 시계는 사회문화를 바꾸는 힘이 아니라 진기한 물건이었다. 그렇다면 일찍이 중국사학자 조지프 니덤이 말했듯이, 유럽에서는 중국과는 달리 실용적 인식과 수학적 인식의 만남, 기술자와 신사의 연합이 가능해진 사회문화적 변동이 있었던 것이다.

이런 논의를 따라가면 치폴라의 주장이 매우 유럽 중심적이라는 인상을 받게 된다. 실제로 그런 비판들도 많았다. 그러나 치폴라

---

*Frederic C. Lane, review of *Before the Industrial Revolution, Speculum*, 53: 2 (1978).

**Carlo M. Cipolla, *Literacy and Development in the West* (New York: Penguin Books, 1969).

는 "왜 중국은 시계와 대포를 만들어내는 데 성공하지 못했는가?" 혹은 "왜 중국은 산업화로 나가는 데 성공하지 못했는가?"라는 질문 자체에 대해 문제를 제기한다. 즉 이 질문은 은연중에 중국에 대한 유럽의 우위를 염두에 두면서 비중국적인 조건에서 중국을 평가하는 잘못된 질문이라는 것이다. 치폴라에 따르면, 유럽과 중국은 각기 다른 두 가지 삶의 방식을 대표했고, 각자의 방식으로 삶 속에서 가치 있는 것을 추구했다. 그러므로 서로 다른 두 가지 삶과 두 가지 문화를 비교하여 하나가 이룬 결과의 잣대로 다른 것을 평가하는 것은 곤란하다고 말한다. 이 대목에서 그는 역사철학자 로빈 G. 콜링우드의 입을 빌려 이렇게 일갈한다. "바흐는 베토벤처럼 곡을 쓰려다 실패한 것이 아니다. 아테네는 로마가 되려고 했으나 그리 성공적이지 못했던 시도가 아니다."*

바로 여기서 치폴라의 최대 장점인 한쪽으로 기울지 않는 타고난 균형 감각을 엿볼 수 있다. 그의 글을 읽다 보면, 그가 본능적으로 모든 종류의 '중심주의'와 '단일 원인론'을 싫어한다는 인상을 받는다. 그는 언제나 경제적 요인들 외에 다양한 비경제적 요인들의 상호작용과 이것이 근대적 경제 성장으로 수렴되는 장기적이고 복합적인 역사 변동에 주목한다. 리처드 W. 욀은 치폴라를 기리는 강연에서 그의 이런 학문적 성향을 다음과 같이 표현했다.

그의 탐구에서 그가 추구한 목표는 단일 원인의 동인動因을 식별하

스페인 은의 세계사

는 것이 아니라 오히려 장기적인 역사 변동의 복합적인 메커니즘을 조명하는 것이었습니다. 그 변동 과정에는 변동을 야기하는 수많은 힘과 변화 및 발전의 수많은 요인이 서로 연루되고 뒤얽힌 채 상호작용하면서, 궁극적으로는 출현하고 있는 근대 경제 성장의 벡터를 형성하는 것으로 귀착됩니다. 이런 해석의 직물을 짜는 주된 실은 바로 인구, 상업, 지식입니다. 그의 초점은 이와 같은 주요 테마들 안에서 혹은 사이에서 뒤로 갔다 다시 앞으로 갔다 합니다. 각각은 그의 저술 및 일련의 논문과 에세이들을 통해 다시 하위 테마들로 나뉩니다. 이 글들은 학술적 조망을 목적으로 하여 이때는 이 주제, 저때는 저 주제 식으로 하나의 핵심 모티프에 기초한 하나의 일차적인 초점을 가진 책으로 유용하게 구분되는데, 이것도 모두 독자가 더 폭넓은 이야기를 좀 더 쉽게 이해할 수 있도록 도와줍니다.**

다른 한편, 이와 비슷한 맥락에서 카파냐도 치폴라의 학문적 성향에는 한두 마디로 표현하기 힘든 복잡성과 미스터리가 있음을 간파했다. 그는 치폴라에게서 인위적이고 명시적인 거대 도식에 의존하지 않고서도 자유롭게 일반화를 제시하고 그러면서도 불필요하게 논쟁에 휘말리지 않는 놀라운 능력을 발견했다. 치폴라는

---

* 카를로 M. 치폴라, 『시계와 문명』, 150쪽.

** Richard W. Roehl, "Carlo M. Cipolla," *Proceedings of the American Philosophical Society*, 152: 2 (2008), 236~237쪽.

하나의 의미 있는 사실, 당대의 증언, 하나의 결정적인 연쇄 작용을 제시함으로써 자신의 어떤 가설과 이념을 설득력 있게 구성해 낸다는 것이다. 요컨대 치폴라는 "풍선의 바람을 빼는" 역사학 작업과, 동시에 다시 바람을 불어넣어 역사 세계를 형형색색의 풍선들로 보여 주는 이론화 작업이라는 결코 양립하기 어려운 두 가지 작업을 능숙하게 양립시킬 줄 알았다. 카파냐는 이를 가리켜 "치폴라의 역설"이라고 불렀다.*

이상의 치폴라 특유의 복잡성과 역설에도 불구하고 치폴라의 전망이 궁극적으로 "서양의 대두"를 설명하는 문제에 맞추어져 있고, 유럽과 타자를 불가피하게 비교하는 과정에서 그가 도처에 유럽 중심주의의 혐의를 받을 수 있는 단서들을 남긴 것은 사실이다. 그런데 흥미로운 것은 그가 영미권에서 활동했지만, 이탈리아 출신 학자로서 역사적 논증을 위해 제시하는 증거들이 대부분 이탈리아나 그 밖의 유럽 대륙 국가의 사례가 많았다는 점에서 오히려 그의 유럽 경제사 연구가 적어도 '영미 중심적 Anglocentric' 시각을 교정해주었다는 점이다.** 예컨대 치폴라는 1348~1351년에 흑사병이 이탈리아 도시들을 강타했을 때 전염병을 통제하기 위해 공중위생 위원회가 각 도시에 설립된 과정을 선구적으로 연구하면서 국가가 위생을 공적으로 관리해야 한다는 관념과 이를 위해 마련된 제도의 기원은 통념과는 달리 영국보다는 이탈리아에서 찾을 수 있다는 점을 지적한 바 있다. 이 사례를 더 넓은 맥락에서 해석

스페인 은의 세계사

하면, 이미 그 시기에 관료화되고 중앙집권화된 르네상스 국가들의 출현을 운위할 수 있다. 요컨대 르네상스 시대의 이탈리아는 근대 국가를 주조해 낸 용광로였던 것이다.

돌이켜 보건대, 치폴라는 유럽 중심주의자로 섣불리 간주될 수는 없지만 전통적인 시각을 견지한 역사가 세대에 속하는 것 같다. 예컨대 그는 르네상스 시대 이탈리아의 문화와 유럽의 신항로 개척을 통한 팽창 사이의 긴밀한 인과관계를 설정한 전통적인 역사가들을 대표한다.*** 여기서 르네상스 문화란 야콥 부르크하르트로 대표되는 전통적인 르네상스관에 근거한다. 이에 따르면, 르네상스란 고전고대, 즉 그리스-로마 문화의 '부활'로서 이를 통해 "인간과 세계의 재발견"이 이루어진 문화적 국면을 뜻한다. 여기서 중요한 것은 "인간의 발견"이 곧 "세계의 발견"으로 이어졌다는 것이다. 그리고 "세계"란 두말할 나위 없이 콜럼버스가 처음 발을 들여놓은 신대륙을 뜻하는 것이었다.**** 일찍이 또 한 명의 특출한 이탈리아 역사가 카를로 긴즈부르그가 미시사의 걸작 『치즈와 구

---

* Cafagna, "Ricordo di Carlo Maria Cipolla," 238쪽.

** E. L. Jones, review of *Before the Industrial Revolution, The Journal of Economic History*, 37: 2 (1977), 496쪽.

*** Francesca Trivellato, "Renaissance Italy and the Muslim Mediterranean in Recent Historical Work," *The Journal of Modern History*, 82 (2010), 133쪽, 각주 21.

**** Trivellato, "Renaissance Italy," 133쪽.

더기』에서 통찰했듯이, 16세기 이탈리아 프리울리 지방의 작은 영웅이었던 방앗간 주인 메노키오의 정신세계에서 신대륙은 "이 세상과는 전혀 다른 새로운 세계" 즉 "유토피아"에 대한 민중적 상상력의 원천이었다. 즉 민중적 상상력에서 신대륙이 가리키는 다른 공간은 다른 시간, 즉 유토피아적 미래로 전위되었던 것이다. 메노키오는 이렇게 말했다. "저의 영은 당당하게 새로운 세계와 새로운 삶의 방식을 원하였습니다."* 이처럼 치폴라와 긴즈부르그를 겹쳐 읽으면, 르네상스 인문주의는 대항해 시대를, 그리고 대항해 시대는 근대 세계를 열어젖혔음을 알 수 있다.

그러나 최근에는 이와 같이 수미일관한 논리적, 역사적 인과성이 의심받고 있다. 프란체스카 트리벨라토에 따르면, 최근 이탈리아 르네상스에 대한 연구는 전통 연구들에서 강조한 그리스-로마와의 연속성보다는 이슬람 세계와의 통합성이라는 맥락에서 이루어지고 있는 듯하다. 즉 르네상스 이탈리아와 이슬람 세계는 활기찬 문화 접촉을 통해 상호작용했다는 것이다. 이런 시각에서 보면, 대서양으로의 팽창이라는 측면보다는 지중해의 중심성이 부각된다. 말하자면 부르크하르트는 지고 지중해와 유럽-이슬람의 관계를 분석의 중심에 놓았던 페르낭 브로델과 에드워드 사이드가 뜬다는 것이다. 과연 새로운 르네상스 연구가 "상호 접속된 새로운 지중해의 역사"로 나아가는 움직임을 촉진할 것인가?**

최근의 새로운 역사적 시각에서 보면, 치폴라는 필경 낡은 역

　　　　　　　　　　　스페인 은의 세계사

사가 세대의 일원인 것 같다. 그러나 잘 보면, 그렇지 않다. 비록 치폴라가 주로 천착한 주제가 "15~17세기 이탈리아 및 지중해 유럽에서 북대서양 연안 유럽 국가들로 근대 경제 활동의 중심지가 이동한 원인과 방식"이기는 했지만, 이런 역사적 이행을 "신대륙 발견"으로 설명하는 진부한 방식을 취하지는 않았다.[***] 이미 소개했듯이, 그는 샤를마뉴 시대의 화폐 개혁을 논하면서 유럽 세계와 이슬람 세계의 긴밀한 상호 관계를 진작에 통찰했다. 그리고 치폴라는 곳곳에서 역사의 무대가 지중해에서 대서양으로 이동했다고 하는 교과서적인 해석에 맞서 아주 늦은 시기까지 지중해의 활력과 영향력이 지속되었음을 누구보다 강조해 왔다. 그는 역사 교과서들이 대부분 16세기 이후 이탈리아의 도시 국가들이 갑작스레 쇠퇴한 것으로 묘사하는 데 대해 역사적 현실은 전혀 그렇지 않다고 반박했다. 17세기, 심지어 18세기에도 제노바와 베네치아 등은 세상에서 제일 바쁜 항구였다는 것이다. 치폴라는 이를 가리켜 늦가을에도 여름처럼 따뜻한 날이 계속되는 '성 마틴의 여름' 혹은 '인디언 서머'로 부르기도 했다.[****] 치폴라 특유의 그런 이탈리아

---

*카를로 긴즈부르그, 『치즈와 구더기』, 김정하·유제분 옮김 (서울: 문학과지성사, 2001), 243쪽, 252~259쪽.

**Trivellato, "Renaissance Italy," 133쪽, 152쪽.

***Cafagna, "Ricordo di Carlo Maria Cipolla," 236~237쪽.

****이탈리아 도시 국가들의 '성 마틴의 여름'에 대해서는 Giuliano Procacci, *History of the Italian People* (London: Weidenfeld and Nicolson, 1970), 115~117쪽을 보라.

중심성 혹은 지중해 중심성을 염두에 둘 때, 다소 농담 섞어 비평하자면 치폴라의 '역사철학'에서 진짜 무서운 것은 유럽 중심주의보다도 민족주의인 것 같다!

어쨌든 이상의 사실들은 치폴라의 역사 연구가 다양한 사실들과 시각들의 균형 위에 구축되었기에 하나의 극단으로 치우치지 않는다는 남다른 장점을 갖고 있음을 새삼 입증해 준다. 그가 설명하는 원인과 양식은 단순하고 단선적이기보다는 풍부하고 복잡했고, 그렇게 함으로써 그는 영미 중심주의, 유럽 중심주의, 지중해 중심주의, 민족주의 등 모든 극단에서 벗어날 수 있었다. 물론 모든 것에서 비켜나 있기에 역설적이게도 모든 것의 혐의를 받을 수도 있었지만, 어쨌든 다양한 해석의 가능성이 열려 있다는 사실 자체는 치폴라 연구의 최대 강점이라고 할 것이다.

한편 앞에서도 잠깐 소개했듯이, 1970년대에 치폴라는 전염병과 공중위생이라는, 당시의 학문적 경향에서는 독창적인 주제이자 경제사가 치폴라로서는 파격적인 주제로까지 관심을 확장했다. 특히 1970년대에 그는 이 주제와 관련된 몇 권의 중요한 책을 출간했다. 그중 하나인 『크리스토파노와 전염병』에서는 1630~1631년 프라토에서 발생한 전염병에 대처하기 위해 임명된 공중위생 담당관 크리스토파노 디 줄리오 체피니의 사례를 통해 생물학적, 인구학적 파국에 대처하는 국가의 노력과 그것이 사회에 미친 영향을 분석했다.* 이 사건은 비단 프라토뿐만 아니라 1620년대 말부터 시작되어 1630년대에 걸쳐 베네치아와 밀라노 등 이탈리아의 주요 도시들을 강타한 파국적인 재앙의 일부였는데, 치폴라는 이를 프라토와 크리스토파노라는 소우주를 통해 세밀하게 들여다보았다. 이 연구는 관찰 규모를 극단적으로 축소하여 지금까지 연구 대상이 아니었던 보통 사람들의 삶을 통해 새로운 시각에서 역사를 보려는, 이른바 미시사의 훌륭한 사례처럼 보인다. 즉 치폴라는 새로운 역사학 장르로서 미시사라는 말이 본격적으로 등장하기 전에 이미 미시사를 연구한 것이다. 그 밖에 치폴라는 여러 미시사 연구를 남겼는데, 그 대표적인 사례로 생애 말년에 펴낸『중세 유럽의 상인들』을 꼽을 수 있다. 여기서 치폴라는 세 개의 '작은' 이야기들을 통해 중세 이래 상인들이 일종의 불한당에서 기업가이자 지식인으로 변모하는 과정을 그렸다.**

　　1970년대에 치폴라의 관심사는 주로 질병과 의료였던 것으로 보이는데,『크리스토파노와 전염병』에 이어『르네상스 시대 공중 위생과 의사 직업』이라는 책에서 시공간적 범위를 좀 더 확대하여

---

*Carlo M. Cipolla, *Cristofano and the Plague: A Study in the History of Public Health in the Age of Galileo* (Berkeley and Los Angeles: University of California Press, 1973).

**Carlo M. Cipolla, *Tre storie extra vaganti* (Bologna: Mulino, 1994)[카를로 마리아 치폴라,『중세 유럽의 상인들: 무법자에서 지식인으로』, 김위선 옮김 (길, 2013)]. 특히 치폴라의 미시사에 대해서는 김위선, "옮긴이 해제: 경제사가 카를로 마리아 치폴라와 미시사", 치폴라,『중세 유럽의 상인들』, 5~26쪽을 참고하라. "옮긴이 해제" 뒤에 수록된 치폴라의 연구 업적 목록(28~37쪽)도 유용하다.

이탈리아에서 공중위생과 의사라는 전문직이 출현하는 역사적 과정을 고찰했다. 이 책에서 그는 전염병의 창궐에 대해 방역과 격리, 의료 관리, 이웃 도시로의 정보 전달 등의 형태로 취해진 시정 조치들이 기본적으로는 합리적이고 필요한 것이었으나, 경제와 공중위생이라는 이중의 측면에서 근본적인 한계를 드러냈다고 보았다. 즉 검역 조치에 소요된 경제적 비용이 사회적 혜택을 능가했고, 전염병의 원인을 모르는 의학적 무지 상태에서 취해진 조치들도 대부분 무용지물이었다는 것이다. 그리하여 정부 조치에 대한 반감이 싹텄고, 이는 폭정에 반대하는 계몽사상과도 결합하게 되었다는 것이다. 이로써 18세기에 들면 공중위생이라는 개념 자체가 사라졌다고 한다. 이처럼 치폴라는 공중위생이라는 주제로의 '외도'를 통해 미시사와 거시사를 넘나들며 자기 본연의 영역인 경제사를 자연사natural history와 사회사social history 사이에 위치시키며 역사적 전망을 확대하는 데 기여했다.*

한편, 1970년대에 치폴라는 진지한 사회사 연구를 수행하면서 동시에 유머와 아이러니를 담아 영어로 쉽게 풀어 쓴 흥미로운 에세이들을 남기기도 했다. 즉 후추의 세계사적 중요성을 유머러스하게 묘사한 글과 인간의 어리석음을 아이러니하게 분석한 글이 바로 그것이다(영어로 각각 1973년과 1976년에 쓰였고, 이탈리어로는 "알레그로 마 논 트로포Allegro ma non troppo"라는 제목으로 1988년에 출간되었다. 제목의 우리말 뜻은 "즐겁게, 그러나 지나치지는 않게" 혹은 "빠르게, 그러나 너무 빠르지는 않게"이다). 이 에세이들은 치폴라 자신이 글의 서문에서 밝히듯이 가까운 지인들을 위해 한정판으로 쓴 것인데 치폴라를 아는 사람들은 물론이거니와 모르는 사람들 사이에서도 열광적인 독서의 대상이 되어 널리 알려졌다. 아마도 이 유머러스한 역사 철학 책은 역사가가 쓴 책들 가운데 베스트셀러가 된 매우 희귀한 사례일 것이다.**

먼저 후추의 세계사에 대한 글에서 치폴라는 십자군 운동의 유명한 웅변가인 은자 피에르의 후추에 대한 갈망으로부터 시작하여 이탈리아 르네상스로 이어지는 역사의 오솔길을 뛰어난 유머와 안목으로 독자들에게 보여 준다. 특히 막대한 돈을 꾼 영국 왕이 지불 정지를 선언하자 금융 활동에 염증을 느낀("사업 세계에서 영국 신사를 못 믿는다면 대관절 누구를 믿을 수 있다는 말인가?") 이탈리아인들이 경제 활동 대신 문화 활동에 투신하여 르네상스를 열었다는 거침없는 진술은 실소를 자아내게 한다. 나아가 남에게도 피해를 입히고 자신에게도 손해를 입히는 "어리석은stupid" 사람과, 이와는 대

---

*Carlo M. Cipolla, *Public Health and the Medical Profession in the Renaissance* (New York and London: Cambridge University Press, 1976). 또한 Judith C. Brown, review of *Public Health and the Medical Profession in Renaissance, The Journal of Economic History*, 36: 4 (1976), 945~946쪽을 보라.

**우리말 번역본으로는 카를로 M. 치폴라, 『인간의 어리석음에 관한 다섯 가지 근본 법칙』, 이재형 옮김 (한마당, 1994); 카를로 치폴라, 『즐겁게 그러나 지나치지 않게: 지적 유희를 즐기고자 하는 사람들을 위한 인간의 어리석음에 관한 법칙』, 김정하 옮김 (북 코리아, 2007)을 이용할 수 있다. 이 글에서는 전자의 번역본을 참고했다.

조적으로 자신에게도 남에게도 이득을 주는 "현명한^{intelligent}" 사람에 대한 치폴라의 분석은 지적 청량제처럼 우리의 두뇌를 상쾌하게 해 준다. 그에 따르면, 인간의 어리석음은 어김없이 다음과 같은 다섯 가지 법칙을 보여 준다.

- **제1법칙** 항상, 불가피하게 모든 사람은 우리 주변의 어리석은 개인의 수를 과소평가한다.
- **제2법칙** 어떤 개인이 어리석을 가능성은 그 사람의 다른 특징들과는 무관하다.
- **제3법칙** 어리석은 사람은 그 자신도 어떤 이득도 얻지 못하고 심지어 스스로 피해를 입으면서도 다른 개인이나 다른 집단에 손해를 끼치는 사람이다.
- **제4법칙** 어리석지 않은 사람들은 항상 어리석은 개인들이 해를 끼치는 힘을 과소평가한다. 특히 어리석지 않은 사람들은 시간과 장소, 상황과는 상관없이 어리석은 사람들과 상대하거나 함께 일하는 것이 엄청난 대가를 치를 수밖에 없는 잘못으로 판명된다는 사실을 언제나 망각한다.
- **제5법칙** 어리석은 개인은 가장 위험한 유형의 개인이다.

그 외에도 치폴라는 인생에 도움이 안 되는 다른 두 가지 유형의 인간을 지목한다. 하나는 남에게 해를 끼치며 자신은 이득을 보는 "도적놈bandit"이고, 다른 하나는 평생 남 좋은 일만 하며 정작 자신은 손해를 보면서 한숨만 쉬는 "순진한naive" 사람이다. 그렇다면 현명한 자와 어리석은 자 사이에 도적놈과 순진한 자가 포진하여 4분면으로 이루어진 좌표 평면이 완성된다.

이상의 법칙은 개인에만 적용되는 것이 아니라 나라에도 적용된다. 예컨대 흥하는 나라는 그 내부에 필연적으로 일정량의 어리석은 자를 포함하고는 있지만 동시에 예외적으로 높은 비중의 현명한 자들을 껴안고 있다. 반면, 망하는 나라는 어리석지 않은 자들의 행동이 오히려 어리석은 동료 시민들의 파괴적 권력을 강화하는 특이한 경향을 보인다. 다시 말해, 망하는 나라에서는 권력을 잡은 사람들 중에서 도적놈이 많아지고 권력을 잡지 않은 사람들 중에서 순진한 사람이 많아지는 방식으로 어리석지 않은 사람들의 인적 구성이 바뀜으로써 결과적으로 어리석은 자들의 파괴적 권력이 강화된다는 말이다. 이렇듯 치폴라는 후추에 대한 이야기narrative 와 인간사의 법칙에 대한 강력한 이론theory, 그리고 덤으로 지성의 최고봉이라고 할 유머까지 양념으로 버무린 화려한 글의 밥상을 선보였다. 마치 전문 연구의 실천적 함의를 대중적 글쓰기로 제시하는 것이 학자의 사회적 의무라고 여기듯이 말이다.

실제로 치폴라는 역사학자들이 다른 과학자들과 똑같이 실질적으로 사회에 기여할 수 있어야 한다고 생각했다. 그는 우리가 살고 있는 세상에 대해 공유할 수 있는 더 나은 인식을 역사학이 줄 수 있다고 믿었다. 인간의 어리석음에 대한 아이러니한 성찰도 그런 믿음의 발로였다. 카파냐는 그런 치폴라의 믿음에서 "역사서술 문화의 강력한 교육적 기능에 대한 이념"을 발견했다. 그리고 이를 "역사학의 공적 이용"이라고도 바꿔 말할 수 있다고 보았다. 그러나 이 표현은 다소간 오해를 불러일으킬 수 있다. 치폴라의 역사적 개입은 정치적이거나 현재적이지 않았다. 치폴라는 정치사보다는 경제사를, 현대 경제사보다는 중세 경제사를 한결같이 선호했다. 그는 역사 연구에서 얻은 결론을 성급히 현재에 정치적으로 적용하는 것을 경계했다. 그런 경향을 가리켜 치폴라는 1982년 피에졸레의 유럽대학교 취임 강연에서 암시적으로 "속류적인 양식의 근대주의"라고 조롱하기도 했다. 카파냐가 꿰뚫어보았듯이, 치폴라에게 역사는 기나긴 시간 폭과 심오한 깊이를 갖고 있었다. 한 개인이 자신의 한평생에서 끝장을 볼 수 있는 주제가 결코 아닌 것이다. 다만, 역사가는 역사의 폭과 깊이를 충분히 인식하면서 (카파냐의 인상적인 표현을 인용하자면) "우리가 살고 있는 이 세계에서 한편으로는 천 년의 시간과 다른 한편으로는 인간의 한 세대 사이에 존재하는 관계"를 이해할 수 있도록 도와주는 사람인 것이다.* 이것이 바로 치폴라가 생각한 역사가의 사회적 의무였다.

이 모든 역사가의 교육적, 사회적 의무를 치폴라는 "즐겁게, 그러나 지나치지는 않게" 수행했다. 아이러니와 페이소스, 그리고 유머가 적당히 기분 좋게 뒤섞여 있는 자유분방한 치폴라의 글들을 읽으며 우리는 그가 무미건조한 숫자와 공식을 다루는 경제사가라는 사실을 영락없이 잊고 만다. 실제로 치폴라는 딱딱한 수학 공식과 같은 경제학이 영미 학계에서 경제사를 지배하는 상황에 문제의식을 느끼고 있었다. 그는 확실히 르네상스 인문주의의 혈통을 이어받은 유럽의 자식이었다. 이런 맥락에서 치폴라는 경제학과 역사학에 모두 정통하고 애정이 있었지만 개인적으로는 경제학자보다 역사학자의 정체성을 훨씬 더 강하게 의식하고 있었다.

치폴라는 무엇보다 유럽의 역사가였지만 그럼에도 용감하게 다른 세계로 떠난 지적 순례자였다. 이런 면모는 그가 이탈리아어로 1988년에, 영어로는 1992년에 출간한 『두 문화 사이에서』에서 잘 나타난다.** 여기서 "두 문화"란 치폴라 자신이 평생에 걸쳐 이으려고 했으나 여전히 분기되어 있는 두 영역, 즉 "구세계 대 신세계" 혹은 "경제학 대 역사학"을 가리킨다.*** 치폴라 자신은 이 "두 문화 사이에서" 두 문화 모두로부터 인정받는 보기 드문 학문적 성공을 거두었다. 그는 어디선가 잠수부와 고고학자의 비유를 든 적이 있는데, 이 둘을 합친 "해저의 고고학자"는 곧 유럽과 미국, 역사학과 경제학을 모두 아는 치폴라 자신을 정확하게 비유한 것 같다.

---

* Cafagna, "Ricordo di Carlo Maria Cipolla," 241~242쪽.

** Carlo M. Cipolla, *Between Two Cultures: An Introduction to Economic History* (New York: W. W. Norton & Company, 1992).

*** Roehl, "Carlo M. Cipolla," 238쪽.

해저 유물을 탐사하고 발굴하려면 해양 고고학자는 잠수부이자 고고학자가 되어야 한다. 하나가 되기도 힘든데 둘이 되어야 하는 것이다. 그런데 잠수부가 고고학을 배우는 것이 어려운가, 고고학자가 잠수부의 기량을 배우는 것이 어려운가? 만일 고고학자가 잠수부 일을 배우는 게 더 어렵다면, 치폴라는 아주 어려운 일을 해낸 셈이다!*

치폴라는 생애 말년에 다시 원래의 주 전공 분야인 화폐사로 돌아왔다. 가히 왕의 귀환이라고 해도 좋을 것이다. 바로 독자께서 읽고 계신 이 책 『스페인 은의 세계사』는 치폴라가 다시 선보이는 화폐 이야기이다. 이 책은 옮긴이 후기에서 다시 자세히 설명하겠지만 스페인 은화의 오디세이를 통해 두 세계와 두 문화를 파노라마처럼 연결해 보여 주는 경제사 서술의 모범이다. 이 책에서 놀라운 것은 그렇듯 방대한 내용을 짧은 분량 속에 농축해 놓았다는 점이다. 비단 이 책만 그런 것은 아니다. 그동안 치폴라가 펴낸 수많은 책들이 실은 분량이 많지 않다. 요즘 잘 쓰이는 진부한 유행어처럼 치폴라의 책들은 언제나 그렇듯 '스마트'하고 '슬림'하다. 그러면서 치폴라는 이 날렵한 책들 속에서 자신이 보여주고 싶은 것을 자유자재로 묘사한다. 그는 숫자와 물건을 좋아하지만 늘 예기치 않게 행동하고 뜻밖의 우연에 노출된 인간의 모습을 더욱 즐겨 묘사한다. 그러면서도 분량은 많지 않다. 정말이지 감탄할 수밖에 없는 압축의 기술이 아닐 수 없다.

요컨대 경제사가 치폴라는 자신이 남긴 무수한 지면에서 비범한 지적 능력은 물론이요, 치폴라처럼 이탈리아 출신으로서 미국에서 활동하는 저명한 정치학자 마우리치오 비롤리가 갈파했던 바, 일찍이 이탈리아 도시 국가들에서 발원한 공화주의적 애국심을 고취할 때 필요한 가장 유익한 시민적 덕성, 즉 "균형 감각 및 건강한 수준의 아이러니와 회의"**를 체현한 사람으로 우리 앞에 다가온다. 그는 인간의 어리석음에 관한 분석에서 그 자신이 논한 현명한 자의 본보기로서 현명한 학자가 어떻게 경제사학, 나아가 역사학이라는 왕국을 흥하게 만드는지를 몸소 보여 주었다. 다음에 제시하는 일련의 수상 내역과 직함 목록은 비록 형식적이기는 하지만 치폴라가 학자로서 성취한 것들이 어떻게 인정받았는지를 고스란히 보여 준다. 그는 이탈리아공화국 대통령상 및 (동료 학자에게 모범이 되는 혁신적 학자에게 주는) 발잔상을 수상했고, 이탈리아국립학술원, 영국 왕립역사학회, 영국학술원, 미국예술과학학술원, 미국철학협회 회원으로 피선되었으며, 스위스 취리히 연방대학교와 파비아대학교 의학부로부터 명예 학위를 수여받았다. 카를로 M. 치폴라는 20세기의 두 번째 절반을 오롯이 경제사 연구에 바치다가 2000년 9월 5일 고향 파비아에서 눈을 감았다.

---

* Cafagna, "Ricordo di Carlo Maria Cipolla," 237~238쪽.
** 마우리치오 비롤리, 『공화주의』, 김경희·김동규 옮김 (인간사랑, 2006), 185쪽.

16세기 내내 스페인 식민지들은 모국에 1만 6천 톤 이상의 은을 실어 날라 주었다. 다음 세기에도 2만 6천 톤 이상, 18세기에도 3만 9천 톤 이상의 은이 스페인에 유입되었다. 은의 행렬이 처음에는 스페인, 다음에는 이웃 나라를 휘감아 흘렀고 그 결과는 아주 특별했다. 국제 시장에 막대한 유동성이 창출되었고 이로 인해 대륙 간 무역의 장대한 발전이 촉진되었다. 나는 이 책에서 이 전대미문의 역사와 이 우연한 역사의 중심에 있던 화폐의 추이에 대해 이야기하려고 한다.

이 작업을 준비하면서 수많은 동료와 친구들의 도움을 받았다. 그들 가운데 특히 K. N. 초두리, 주세페 펠로니, 조르지오 자코사, M. 이야노, 캘리포니아대학교 버클리캠퍼스 경제학과의 대학

원생 마틴 페트리, 그리고 무엇보다 원고를 비판적으로 다시 읽고 중요한 수정 제안을 해 준 제노바대학교의 줄리오 잔넬리 교수에게 감사를 표한다. 나의 사촌인 카를라 마리아 치폴라도 원고를 준비하는 데 도움을 주었다. F. 아구치 교수 역시 컴퓨터를 사용하는 데 도움을 주었고, 캘리포니아대학교 버클리캠퍼스의 경제학부도 연구비를 지원해 주었다.

이분들 모두에게 나의 깊은 감사의 정을 표한다.

1장

믿기 어려운 횡재들

신세계의 스페인 식민지들에서 일어난 우연한 사건들의 초창기에 정복자들이 차지했던 금은 전적으로 강도와 노획, 약탈의 산물이 었다. 모든 기생적인 활동이 그렇듯이, 불운은 그런 활동이 무한정 지속될 수는 없다는 데 있었다. 희생자들이 재산을 쌓아 놓은 광이 존재하는 한 약탈자들은 효율적으로 재산을 강탈할 것이었고, 그 렇지만 늦든 빠르든 희생자들이 모든 재산을 빼앗기고 나면 도적 들로서도 더 이상 할 일이 남지 않게 되었을 것이다. 만약 스페인 인들이 정복지에서 막대한 금광, 특히 은광을 발견하지 못했더라 면, 그런 치명적인 운명이 어김없이 그들에게도 닥쳤을 터이다. 은 이 스페인인들의 지척에 있는 상황에서 그들이 금과 은에 대한 열 정을 발휘하여 전력을 다해 광업 활동에 투신한 것은 자연스러운 일이었다. 이렇듯 정력적인 광업 활동을 통해 획득한 스페인인들의 은과 보물들은 적성국과 해적떼, 그리고 자연 환경의 변덕을 물리치면서 고국으로 수송되었다. 이리하여 마침내 스페인 은을 비롯한 보물들의 모험담이 시작되었다.

1536~1566년의 30년 동안 스페인은 일련의 거대한 횡재를 누렸다. 개인의 인생이나 인간 사회의 역사에서 하나의 횡재는 설명할 수 없는 방식으로 또 다른 횡재로 이어지곤 한다. 반대로 어떤 사람에게는 하나의 불운이 또 다른 불운으로 이어지기도 한다. 마치 눈에 보이지 않는 어떤 운명적인 동기에 의해 은밀하고 불길한 초자연적인 힘이 그를 선택하기라도 한 것처럼 말이다. 그런 일들이 대체로 빈번하게 발생한다는 것은 인간사의 거대한 미스터리로 남아 있다. 이것은 인간의 제한적인 감각으로는 결코 이해할 수 없는 초자연적인 논리가 존재하기 때문인 것인가? 아니면 가학 취미나 익살꾼의 성향을 지닌 어떤 신성한 힘의 농간이나 놀음인 것인가? 우리는 그 자세한 원인을 알지 못하지만, 그런 사실이 있다는 것을 부정하기는 어렵다. 예컨대 1536년과 1566년 사이에 스페인의 식민지들에서 일어난 일련의 경이로운 사건들은 스페인을 이류 혹은 삼류 국가로부터 세계에서 가장 부유하고 가장 강력한 나라로 바꾸어 놓았다. 대관절 무슨 일이 일어났던 것일까?

1519년과 1533년 사이에 스페인 식민제국은 엄청나게 성장했다. 스페인 식민제국은 다음 두 가지의 특출한 사업 덕분에 인간의 역사에서 흔히 볼 수 있는 다른 제국들을 훌쩍 뛰어넘는 단연 우월한 규모를 갖추게 되었다. 하나는 에르난 코르테스가 주도한 멕시코 정복이고, 다른 하나는 프란시스코 피사로가 주도한 잉카 제국의 파괴이다.

1519년에 에르난 코르테스는 베라크루스에 상륙하여 아주 근소한 병력(6백 명의 병사와 16필의 말)과 6천여 명의 원주민 부족 동맹군을 이끌고 동쪽에서 아스테카 제국의 영토를 침략했다. 그는 아스테카의 수도로 진군하는 동안 한 차례의 강력한 저항에 맞닥뜨렸고, 수도에 도착해서는 궤멸 일보 직전의 궁지에 몰렸다. 그럼에도 그는 모든 화포와 병력의 3분의 2를 상실하는 상황을 타개하고 극적으로 살아남는 데 성공했다. 야음을 틈타 간신히 퇴각했다고 하여 스페인어로 '비통한 밤 Noche Triste'이라는 이름의 역사가 된 이 일화에서 에르난 코르테스의 지휘 능력이 빛났다. 그는 전열을 재정비하며 1년 동안 병력을 재편성했다. 스페인인들과의 접촉으로 옮은 질병 탓에 원주민 사망률이 치솟은 것도 그를 도와주었다. 이 질병은 아메리카 대륙에서는 일찍이 찾아볼 수 없던 것으로서 원주민들은 면역력이 없어 무방비 상태에 노출되어 있었다. 어쨌든 병력을 재편성한 코르테스는 텍스코코 호수의 섬 위에 건설된 근사한 도시, 아스테카의 수도 테노치티틀란을 향해 공격을 개시했다. 아스테카인들은 절망적인 항전에 나섰으나, 코르테스가 더 잘 싸웠다. 마침내 도시는 함락되었고, 약탈의 대상이 되어 송두리

째 파괴되었다. 1521년 8월 13일의 일이었다. 결국 아스테카 세력은 전멸했고, 그 잔해 위에는 1535년에 스페인 왕이 주권을 갖는 "신스페인^{Nueva España}"(오늘날 우리가 멕시코라고 부르는 땅에 주어진 이름) 부왕령이 수립되었다.

또 하나의 특기할 만한 사업은 프란시스코 피사로의 활동이었다. 1531년에 피사로는 180명의 병사와 37필의 말로 꾸린 근소한 병력으로 툼베스에 상륙하여 잉카인들의 영토를 침략했다. 코르테스와 마찬가지로 피사로 또한 1532년 11월 카하마르카 광장에서 보잘것없는 병력으로 잉카의 수장 아타우알파가 이끄는 수천 명의 병력과 맞닥뜨렸고, 절체절명의 극적인 순간을 맞이했다. 그러나 상식적인 논리와는 정반대로 그와 같은 상당한 병력 차이에도 불구하고 피사로는 더 잘 싸웠다. 그는 단 두 해 만에 잉카 제국을 파괴했다. 1535년 피사로는 이 제국의 잔해 위에 역시 스페인 왕이 직접적인 주권을 갖는 페루 부왕령을 건설했다. 이 페루 부왕령은 옛 잉카 제국의 영토를 계승했다. 그 판도가 현재의 페루 영토뿐만 아니라 오늘날의 볼리비아와 칠레, 베네수엘라, 파라과이, 콜롬비아, 에콰도르, 기타 접경 지역들까지 아우르고 있었다는 점이 주목할 만하다.

정복자들의 용기와 근면함, 과감함과 희생정신은 그들의 원주민과의 관계 속에서 확인되는 잔혹함, 비인간성과 짝을 이루고 있었다. 크리스토퍼 콜럼버스가 적어놓은 항해일지의 명시적인 기록들에 따르면, 그가 자신의 숙원이던 운명적인 항해를 완수했을 때 그의 궁극적인 항해 동기는 명백히 금으로 가득 찬 땅의 발견과 정복에 있었다. 이 제노바 제독의 기록들에는 "금"이라는 표현이 강박적이란 느낌이 들 정도로 도돌이표처럼 등장한다. 역사는 이어진 수십 년 동안에도 스페인 정복자들이 그와 똑같은 강박적인 열정에 의해 지배되고 동기부여가 되어 있었음을 보여 준다. 그들은 금 이외에는 다른 어떤 것에도 관심을 두지 않았던 것으로 보이며, 금을 차지하기 위해서라면 온갖 극악무도한 행위를 저지르고 또 온갖 희생을 감수할 용의가 있었다. 그들은 보물 창고에 대한 정보를 알기 위해서 수만 명의 원주민을 고문하고 참살하는 데에도 아무런 주저함이 없었다. 코르테스는 아스테카인들의 보물이 보관된 곳에 관한 비밀을 캐내기 위해 그들의 수장인 콰테목에게 이루 말하기 힘든 끔찍한 고문을 가했다. 그러나 콰테목은 말하지 않았다. 코스테스는 콰테목에게서는 실패했지만 몬테수마에게는 성공했다. 마침내 코르테스는 보물 창고를 손에 넣었다. 막대한 전리품의 일부를 긁어모아 한데 녹인 다음 그 목록을 작성하는 데만 꼬박 3일이 걸렸다. 그런 와중에 예술품들은 어이없이 소실되었다. 그러나 이미 언급했듯이, 정복자들에게 예술이나 그 밖에 다른 것들은 관심사가 아니었다. 금, 오직 금만이 관심사였다. 쿠스코에서는 피사로가 그곳을 점령한 뒤 신전에서 700개의 금판을 약탈했고, 보고타에서도 폭력적으로 귀금속들을 차지하면서 정교하게 세공된 신전의 문짝들을 뜯어내 한데 녹였다.

앞서 말했듯이, 약탈과 도적질로 이루어진 기생적인 활동은 그 자체로 종말의 씨앗을 품고 있고, 그 활동이 효율적일수록 그 종말 또한 빨라지는 게 세상사의 이치다. 스페인인은 원주민을 강탈하고 사취하는 과정에서 특히 효율적으로 움직였고, 그렇기에 그들로서도 고국에 실어 보내거나 자신들이 쓸 금과 은을 계속 손에 넣으려면 그때까지의 활동과는 다른 방식에 적응해야 할 시간이 시시각각 다가왔다. 바꾸어 말해, 그들은 원하건 원하지 않건 도적떼에서 광산 기업가로 변신해야 했던 것이다.

아메리카*에서 스페인의 광산 사업은 1530~1540년에 태평양에 면한 북서 해안가의 몇몇 빈약한 은광들이 개발되면서 미약하게 시작되었다. 엉뚱한 곳에서 첫 번째 기적적인 사건이 일어났을 때만 해도 크게 기대할 것은 없었다.

은총의 해는 1545년이었다. 앞선 시기에 스페인인들이 광산 탐색을 시작한 곳에서 남쪽으로 항로로 따져 약 5천 킬로미터 떨어진 남아메리카의 이곳(67쪽의 그림 1을 보라)은 이때만 해도 신과 인간 모두가 포기한 듯 보이는 해발 4천 미터 높이의 고산지대에 위치한 빈한하고 황량하며 음산한 진흙투성이의 땅이었고, 비천한 원주민 목동 하나가 외딴곳에서 몇 마리의 라마를 치고 있었을 따름이다.

이곳은 포토시Potosí라고 불렸는데, 해안 도시 아리카의 남동쪽에 있었다(68쪽의 그림 2를 보라). 포토시는 당시 페루 부왕령의 일부였고, 오늘날에는 볼리비아 공화국의 일부다. 이곳의 높은 산 정상에는 약 400미터 높이의 이상한 돌기처럼 생긴 작은 '구릉^{cerro}'이 솟아 있었다. 1545년에 이 '구릉'에서 엄청난 양의 은이 발견되었다. 이듬해, 정확히는 1546년에 사령관 비야로엘**과 디에고 센테노, 참모장 페드로 콘타미토가 이 은이 가득한 구릉 아래 760미터 지점에 포토시 시를 건설했는데, 1545년 4월과 1562년 사이의 짧은 시기 동안에 같은 곳에서 최소한 7개의 풍부한 은 광맥이 발견되었다.

풍부한 은광의 명성을 듣고 무수한 사람과 가축, 설비들이 포토시와 인근 지역에 쇄도하였다. 포토시가 건설된 지 30년이 채 안된 1573년에 이 도시의 주민 수는 15만 명을 넘어섰고, 1610년에는 16만 명을 넘을 정도가 되었다.

포토시 광맥의 발견은 스페인으로서는 거대한 횡재였다. 이 대단한 발견의 결과는 이미 1549년에 은 생산이 전년에 비해 약 10배 증가했을 때 감지되었다. 그러나 이 모든 것은 단지 또 다른 일련의 특별한 사건들을 알리는 예고편이었을 뿐이다. 포토시 광맥이 발견된 지 채 1년도 안 된 1546년 9월 8일에 스페인인과 원주민으로 이루어진 작은 분견대가 후안 데 톨로사의 지휘 아래 멕시

---

* 당시 아메리카는 인도라고 불렸으므로, 원문의 'Indie'나 'Indias'는 '아메리카'로 옮긴다.

** 후안 데 비야로엘(Juan de Villaroel)을 가리킨다. 그의 계급은 사령관(capitán general)이었는데, 사령관 밑에는 참모장(maestro de campo)이 있었다.

코시티에서 북쪽으로 220킬로미터 떨어진 사카테카스Zacatecas라는 곳을 발견했는데, 1548년 이곳에서도 극도로 풍부한 은맥의 존재가 확인되었다(그림 2를 보라).

　포토시 광맥의 발견이 순전히 우연이었다면, 사카테카스의 발견은 풍부한 은맥을 발견하기 위한 수십 년 동안의 잇따른 탐험과 조사 활동의 결과였다. 이곳의 광물 생산은 너무나 중요한 일이어서 사카테카스와 멕시코시티를 잇는 도로가 건설되었다. 이 도로에는 "내륙의 왕도Camino Real de la Tierra Adentro"라는 이름이 붙었다.

　사카테카스와 포토시는 16~17세기 스페인의 힘과 부의 주요한 두 원천이 되어 주었다. 이 시기에 스페인에 막대한 이익을 안겨 준 믿기 힘든 일련의 횡재는 끝날 줄 몰랐다. 이미 1530년대에 20명이 채 안 되는 독일 광부들이 광물 분쇄와 혼합 및 금속 추출에 쓰는 유명한 분쇄기의 이용 기술을 신스페인 부왕령에 전수해 주었다. 그럼에도 이 세기 중반에 연료 비용이 계속 치솟고 이용 가능한 광물의 질이 떨어지면서 작업 채산성이 지속적으로 하락했다. 그러나 스페인을 도와준 행운은 문자 그대로 믿을 수 없는 것이었는데, 아주 짧은 시간 안에 문제의 해결책이 나타났던 것이다. 독일인들의 도움을 받았음에도 광산 작업의 수익성이 떨어지던 16세기 중반에, 정확히는 1540년에 베네치아에서 바노초 비링구초라는 기술자가 「열기술La Pirotechnia」이라는 논문을 냈다. 이 이탈리아인은 논문에서 세부 사항에 대한 풍부한 묘사와 함께 수은을 이용하여 광물에서 금속을 추출하는 새롭고도 대단히 효율적인 공정을 제시했다.

여기에다 바르톨로메 데 메디나라는 대담한 세비야의 상인이 있었다. 우리는 그가 비링구초의 논문을 읽었는지 어쨌는지는 알지 못한다. 그러나 우리는 바르톨로메 데 메디나가 이런저런 경로를 통해 수은과 소금을 이용하여 광물에서 은을 추출하는 새로운 방법을 알게 되었다는 사실을 확실히 알고 있다. 1554년과 1556년 사이에 이 세비야 상인은 사카테카스 광산에 자신이 알아낸 새로운 방법을 도입했다. 이 새로운 공법이 채택됨으로써 비용이 상당히 절감된 데다, 전통적인 방법으로는 수지타산이 맞지 않던 빈약한 광맥도 경제적으로 이용할 수 있게 있었다. 어쨌든 이 혁신은 스페인에 안성맞춤이었다. 왜냐하면 이 나라는 자국 이베리아 반도에 있는 수은, 정확히는 코르도바에서 북쪽으로 90킬로미터 떨어진 알마덴이라는 곳에서 이미 로마 시대부터 이용된 바 있는 풍부한 수은 광산을 활용할 수 있었기 때문이다. 당시에 문제의 수은 광산은 강력한 상인-은행가 가문인 푸거 가문이 운영하고 있었다.

알마덴의 수은 생산은 주목할 만하다. 이곳의 수은 생산량은 1573년과 1604년 사이에 연평균 2,500~2,800퀸틀*에 달했고, 1605년과 1624년 사이에는 해마다 전량 식민지로 가게 될 4,000퀸

---

* 1퀸틀은 112파운드, 약 50.8킬로그램에 해당한다.

틀 이상의 수은이 세비야로 운송되었다.[1] 그러나 이것이 전부가 아니었다. 스페인의 행운은 실로 끝이 없었다.

알마덴 광산이 공급해 준 상당한 양의 수은도 사카테카스 광산의 초창기 수요를 충족하지는 못했다. 이에 대해 스페인은 이탈리아 트리에스테에서 북동쪽으로 수십 킬로미터 지점에 있는 이드리아 광산의 수은을 쉽게 입수하여 이 비상한 수요를 맞출 수 있었다. 또한 1615년이나 1644년, 1661년처럼 각별히 어려웠던 순간에는 중국에서도 수은을 수입해 왔으나 그런 경우는 드물었다. 그렇지만 중국의 생산량에 알마덴과 이드리아의 총생산량을 더하여도 (이 수은은 멕시코의 아카풀코를 경유하여 아메리카 식민지들에 도착했다) 늘 사카테카스의 수요조차 만족시킬 수 없었고, 따라서 포토시의 수요를 충족시켜 줄 수은이 시장에 충분히 있을 리 없었다. 그러므로 포토시는 스페인령 아메리카의 광업 생산에서 중요한 몫을 차지하고 있음에도 기술 진보에서 뒤쳐져 버렸고, 그래서 포토시에서 은 생산 공정은 계속해서 전통적이고 비효율적인 혼합법을 고수했다. 그러나 당시 사람들의 눈에도 스페인의 행운은 누차에 걸친 믿기 힘들 정도로 각별한 것이었다. 누구도 예상치 못한 방식으로 스페인에 이득을 안겨 준 또 다른 기적이 일어난 것이다.

은총의 해인 1563년에 스페인의 엔코멘데로*인 아마도르 데 카브레라는 어느 축제일에 한 원주민 곁에 있었는데 원주민은 카브레라에게 스페인인들의 구미가 당길 법한 장소를 가르쳐주겠노라고 제안했다. 두 사람은 걸어서 어느 정상에 도착했다. 이곳은 포토시 못지않게 음산하고 황폐한 약 4,000평방미터의 장소로서 우앙카벨리카Huancavelica라고 불렸다. 원주민은 스페인인에게 원주민들이 까마득한 옛날부터 일해 온 광산터를 보여주었다. 그곳은 원주민들이 축제 동안 몸을 붉게 칠하는 염료로 쓰는 황화수은cinnabar을 추출하던 광산이었다. 물론 이 광산에서는 수은도 캐낼 수 있었다. 하지만 잉카인들은 과연 올바르게도 수은이 사용자에게 유해하다고 하여 수은 채굴을 금지한 바 있었다. 그러나 광산에서 일하는 사람은 원주민들이지 자신들이 아니기 때문에 스페인인들에게는 그런 망설임이 없었다. 1564년 1월 1일에 아마도르 데 카브레라는 곧 수은 채굴이 시작된 우앙카벨리카의 발견자로 공식 지정되었다. 1573년부터 우앙카벨리카에서는 해마다 수천 퀸틀의 수은이 생산되었다.

우앙카벨리카는 페루의 카야오 남동쪽에 위치해 있었고, 포토시와 우앙카벨리카 사이의 거리는 항로로 따졌을 때 1,200킬로미터 이하였다(그림 2를 보라). 그러나 실제로 두 곳 사이의 거리는 항로로 표시하는 킬로미터가 나타내는 것보다 훨씬 더 멀었다. 한 곳에서 다른 곳으로 가기 위해서는 험준한 산과 수직 절벽을 넘거나

＊스페인 왕이 아메리카 대륙에서 인정한 토지와 원주민에 대한 독점권, 즉 엔코미엔다를 소유한 사람을 뜻한다. 엔코멘데로들은 현지에서 대농장주나 광산 기업가 등으로 활동했다.

돌아야 하고 좁고 위험한 길을 이용해야 했다. 도로 사정은 더 말할 것도 없었다. 그러므로 우앙카벨리카에서 포토시로 수은을 수송하기 위해서는 오직 라마의 등짝에 의지할 수밖에 없었다. 어려움은 컸으나, 극복하지 못할 정도는 아니었다. 무엇보다도 포토시에서 적당히 떨어진 배후에 수은 산지가 있다는 사실이 주는 이점은 이루 헤아릴 수 없을 만큼 컸다. 대략 1570년부터 스페인은 사카테카스에서든 포토시에서든 은 생산에 필요한 만큼의 충분한 수은 광산을 보유하게 되었다.

그럼에도 일련의 복잡한 이유 때문에 포토시에서 근대적인 아말감 체제가 채택되기까지는 우앙카벨리카 광산이 문을 연 날로부터 따져 약 6년을 더 기다려야 했다. 이 기간 동안 우앙카벨리카의 수은은 용처를 찾아 사카테카스가 있는 북쪽으로 수송되었다. 포토시에서는 1573년이 되어서야 비로소 '아말감 제조법azogueria'의 장인 돈 페드로 에르난데스 데 벨라스코에 의해, 이미 20년 전에 바르톨로메 데 메디나가 사카테카스에 도입한 방법이 채택되었다. 그 순간부터 스페인의 은 생산량을 표시하는 곡선은 급상승하여 1500~1660년 중에 최대치에 도달하게 된다.

2장

유럽 본국과 아메리카 식민지 사이

도밍게스 오르티스 교수가 자신의 저작 『스페인의 황금시대^{The} ^{Golden Age of Spain}』 297쪽에 썼듯이, 스페인은 포르투갈인들이 향신료 무역을 위해 수립한 유형과 같은 국가 독점 무역을 제도화하는 일을 단념했다. 그러나 스페인이 그와 유사한 무역 장치를 단념했다고 해서 본국과 아메리카를 오가는 인간과 물자의 이동에 대한 엄격한 통제권까지 제도화하는 데 실패한 것은 아니었다. 이런 통제권은 주로 식민지에서의 소유와 식민지와의 무역에서 나오는 이익에 대한 독점권을 보장할 목적으로 구상되고 실행되었다.

무엇보다 정복 초기부터 스페인 정부 당국은 외국인이 식민지에 정착하는 것에 극력 반대했다. 이 대목에서 한 가지 사실을 언급해 두어야 한다. 즉 스페인 제국의 일부를 이루는 영토에 거주하

되 그들의 부친과 조부가 본토의 카스티야와 레온, 나바라에서 태어나지 않은 사람들은 모두 외국인으로 간주되었다는 사실이다. 그러므로 오직 카스티야와 레온, 나바라에서 태어난 사람들의 직계 후손에게만 스페인령 아메리카 식민지에 정착하는 것이 허용되었다. 이렇듯 빡빡한 규정은 1620년에 가서야 다소 완화되는데, 그해 8월 14일의 국왕 포고문은 가톨릭교도이면서 최소 10년간 스페인 거주 경력을 가진 외국인 자식들에 대해 귀화를 허용했다.

외국인이 식민지에 정착하는 것을 금지한 첫 번째 문서는 1501년에 나왔고, 이후로도 1505년과 1509년, 그리고 1510년 2월과 6월에 나온 다른 문서들에서 외국인 정착 금지가 반복적으로 천명되었다.

카를 5세*의 치세 초기와 겹치는 이 초창기에 외국인들의 식민지 정착을 금지하는 조치는 극도로 엄격하게 적용되었다. 그 후 1525~1526년에 즉흥적인 방침 변경이 있었는데, 이 두 해에 공히 11월에 나온 국왕 포고문을 통해 외국인의 식민지 정착이 허용되었다. 그러나 자유화 조치는 오래가지 않았고, 1525~1526년의 칙령은 곧 폐지되었다. 이미 1538년에 카를 5세는 식민지의 행정과 무역을 관할하는 거대한 부서—세비야의 통상원^Casa de la

---

* 신성 로마 제국의 황제 카를 5세이자 스페인의 왕 카를로스 1세(재위 1519~1556년)를 말한다.

Contratación—에 보낸 교서에서 금후로는 모든 외국인에 대해 아메리카로 항해하는 것을 허용하지 말라고 명했다. 그러므로 1538년부터 엄격한 이주 제한 정책이 우세해졌고, 스페인 주민들이 식민지로 이주할 권리를 배타적으로 독점했다. 이 정책은 이후에 약간의 수정 사항이 있었지만 기본적으로 제국 말기까지 실행되었다. 이주 금지를 위반한 사람들에 대한 형벌은 상당히 가혹했다. 1604년에 허가 없이 식민지에 간 한 사람은 4년 징역형에 처해졌고, 1607년 11월에 불법적으로 외국인들을 식민지로 실어 나른 사령관들과 항해사들, 참모들과 부참모들, 기타 해군 장교들에게는 사형이 선고되었다. 17세기 후반이 되면 규정이 완화되어 밀항 입국자들을 벌금형으로 다스렸다. 때때로 외국인들이 아메리카에 정착하는 것이 허용되기도 했다. 아메리카에 정착한 비非스페인인의 수는 늘 매우 적었다. 대략 3~5퍼센트를 넘지 않은 것으로 추산된다. 식민지 정착이 허가된 외국인 중에서는 특히 제노바인이 많았다.

　모든 외국인에 무차별적이고도 엄격하게 적용된 또 다른 중요한 제한 조치는 직접 무역이든 중개인을 낀 무역이든 외국인들이 아메리카와 무역하는 행위를 금지한 것이었다. 이에 관한 금지 조치를 담은 규정과 법률은 이미 정복 초기부터 나타났고, 1525~1526년 동안에 주어졌던 잠깐의 자유로운 시기를 제외하면, 1538년, 1552년, 1557년, 1569년, 1592년, 1596년, 1605년, 1608년, 1614년, 1616년 등을 거치며 반복해서 강화되었다.

그런데 아메리카와의 무역을 금지한 조치는 결과적으로 스페인인 자신들에 대해서도 똑같이 엄격한 금지 조치를 불러왔다. 식민지에 매뉴팩처*를 설립한다든가 신스페인과 페루 사이에 항구적인 상업 관계를 확립하거나 포도를 재배하여 현지 포도주를 생산하는 활동까지 금지되었다.[2] 이 금지 조치들은 본질적으로 모국 스페인의 공업과 농업을 보호하는 데 기여했다. 그러나 서적 매매와 인적 이동에 대한 통제는 종교 문제에 대한 스페인의 비타협과 광신의 산물이었다.

전체적으로 볼 때, 식민지 정착과 인적 이동에 대한 통제 조치는 매뉴팩처와 일부 농업 생산물의 식민지 이식에 대한 통제 조치보다 훨씬 더 효과적이었다. 이 대목에서 한 가지 사실을 강조해두는 것이 중요하다. 즉 스페인 정부가 정복 초기부터 행했던 엄격한 일체의 통제 조치들을 효과적으로 실행하기 위해서는 아메리카로 오가는 일체의 물품 교역과 인적 이동을 모국 스페인의 항구 한곳에 집중시킬 필요가 있었다는 사실이다.

식민지로 통하는 유일한 항구로는 1503년 이래 통상원 건물이 있던 세비야가 선택되었다. 이때부터 산루카르라는 정박지를 포함한 세비야가 스페인-아메리카 무역의 독점지가 되었다. 달리 말해, 세비야는 그 순간부터 "아메리카로 열린 관문이자 항구"

─────

* 제품을 생산하는 작업장으로서, 일반적으로는 공장제 수공업을 뜻한다.

가 되었고, 이런 독점적 지위는 1717년 5월 펠리페 왕이 통상원과 총독부를 카디스로 이전하기 전까지 이어졌다. 이후로는 카디스가 아메리카를 오가는 모든 승객과 물품의 의무적인 출발지이자 도착지가 되었다.

| 3장 |

무역로를 누비는 호송선단

처음에 스페인과 그 식민지들 사이의 무역은 거의 대부분 단독으로 운항한 쾌속선들^{sveltos}로 이루어졌다. 그 후 선박들은 안전을 위해 몇몇 갈레온*의 호위를 받으며 호송대를 이루기 시작했다. 이런 방식으로 1561년 7월 16일에 공식적으로 조직된 이른바 '아메리카 항해^{Carrera de las Indias}' 체제가 탄생했다. 바로 그날 호송선단^{flotte}이라는 새로운 선단 형태가 나타났고, 매해 두 번, 그러니까 한 번은 1월에, 다른 한 번은 8월에 (아메리카로 가는) 호송선단이 출항했다. 이와 동시에 규정에 의해 어떤 선박도 호송선단을 이탈하여 단독으로 항해할 수 없게 되었다. 더욱이 각 호송선단은 총사령관 한

---

*16~17세기에 널리 확산된 대형 범선으로서 스페인 함대의 주력 선박이었다.

명과 제독 한 명의 지휘를 받도록 정해졌다. 그다음에 규정에 따라 이 사령관직과 제독직에 각기 30명의 병력이 할당되었다.

그럼에도 피에르 쇼뉘 교수에 따르면, 1561년 7월 16일의 규정은 스페인과 아메리카 사이의 수송 체제의 조직화에 새로운 혁신을 불러오지는 못했다. 왜냐하면 그날 이전부터 이미 스페인 선박들은 해적떼와 적성국의 공격을 더 잘 방어하기 위해서는 선단을 이루어 항해할 필요가 있음을 깨닫고 있었기 때문이다. 그러나 어쨌든 1561년 7월 16일의 규정으로 선단 항해가 공식적으로 하나의 시스템으로 자리 잡았을 뿐만 아니라 처음으로 쾌속선의 단독 항해가 금지되었다(그럼에도 이 금지 조치는 실효를 거두지 못했다). 1506년과 1650년 사이에 아메리카 호송선단이 식민지로 오고 간 총 1만 8,767번의 항해 가운데 8,222번이 선단 항해였고, 6,887번은 확인 불명이며, 단지 2,658번만이 쾌속선의 단독 항해였다.

그럼에도 1561년 7월 16일의 포고문에서 제시된 규정은 얼마 안 가 논란의 대상이 되었다. 이 대목에서 문제의 규정이 실제로는 잘 지켜지지 않았다는 사실을 언급해 둘 필요가 있다. 한 호송선단이 지연되면 다른 호송선단도 차례로 지연된 탓이었다. 사실, 이런 지연 사태는 다반사로 일어났다. 1561년 7월 16일의 조치에 따라 원래 1562년 2월에 세비야를 출항할 예정이었던 메넨데스 형제의 티에라 피르메(오늘날의 콜롬비아) 무적함대 및 호송선단과 신스페인 무적함대 및 호송선단은 1563년 5월에 가서야 간신히 출항할 수 있었다. 또한 베르나르디노 데 안디노가 지휘하는 13척의 선박으로 이루어진 호송선단은 원래 1560년 12월에 티에라 피르메로 출항하기로 되어 있었지만, 실제로는 1561년 2월 27일이 될 때까지 출항할 수 없었다. 이런 지연은 출항하는 선박의 적재 작업이 지연된 탓이기도 했고, 16세기 후반부터는 선원 모집이 어려웠던 탓이기도 했는데, 스페인 안에서는 선원을 찾기가 늘 어려워서 선주들이 빈번하게 외국 선원들에 의존해야 했다.

어쨌든 호송선단의 출항 지연 문제는 폭풍우 치는 계절에 바다를 건너야 할지도 모르는 위험을 야기했고 큰 우려를 낳았다. 과연 폭풍우는 두려움의 대상이었다. 게다가 지연은 다른 모든 세계 경제에서처럼 스페인 경제에도 아주 심각한 동요와 혼란을 낳았다.

그리하여 1564년에 새로운 규정이 나왔다. 매해 1월과 8월에 출항하는 기존의 호송선단 체제를 폐지하고 이를 매해 기상 사정에 맞게 항로를 설정한 두 개의 호송대 체제로 대체한다는 내용이었다. 남부 카리브 해와 북부 카리브 해의 기상 체계가 다르기 때문에 다음과 같은 방식으로 계획되었다. 일단 집합적으로 '호송선단들flotas'로 불린 신스페인 직항 선박들은 3월이나 4월에 출항해야 했고, 다음으로 역시 집합적으로 '갈레온 선단galeones'으로 불린 티에라 피르메 직항 선박들은 8월이나 9월에 출항해야 했다.

그러므로 만일 모든 출항 준비가 순조롭게 진행된다면, 두 호송대는 매해 3월과 9월에, 하나는 베라크루스를 도착지로 하는 신

스페인을 향해, 다른 하나는 파나마 지협의 포르토벨로나 또는 티에라 피르메의 카르타헤나를 향해 스페인을 출발할 수 있었다. 그리하여 16세기 중반에 35척에서 70척, 아니 그 이상의 선박들로 이루어진 대규모 호송선단이 출항하는 모습은 정말이지 경이로운 장관이었을 것임에 틀림없다. 모든 선박이 바람에 잔뜩 팽팽해진 돛을 단 채, 일반적으로 사령관과 제독이 탄 전위와 후위를 맡은 두 척의 전함의 호위를 받으며 일렬종대로 무리지어 전진해 나아갔을 것이다.

베라크루스에 도착한 선박들은 대개 멕시코시티로 보낼 물품을 하역한 뒤 베라크루스에서 겨울을 보냈다. 반면, 포르토벨로에 도착한 선박들은 당시 세상에서 가장 아름다운 항구들 중 하나(허나, 물 부족이 심했다)로 여겨진 카르타헤나에서 겨울을 보냈다. 카르타헤나 혹은 포르토벨로에 하역된 물품은 일단 라마나 노새의 등짝에 실려 파나마 지협의 태평양 해안가로 운송되었고, 여기서 배에 실려 카야오 항으로 이동했다. 그리고 이곳에서 다시금 라마나 노새에 실려 리마와 포토시로 수송되었다(그림 2를 보라).

한편, 포토시에서 생산된 은은 이미 파나마로부터 와서 물품을 부려 놓았던 같은 선박들에 실려 앞서와 반대 방향으로(즉 카야오에서 파나마로) 수송되었다. 그러고 나서 포토시에서 온 귀금속은 카르타헤나에서 겨울을 보낸 선박들에 적재되었다. 다음 단계에서 이 선박들은, 베라크루스에서 겨울을 보내고서 이제 멕시코 생산물, 다른 무엇보다도 스페인으로 가게 될 은을 가득 실은 다른 선박들과 쿠바에서 합류했다. 이렇게 합류한 두 호송선단―베라크루스에서 겨울을 보낸 호송선단과 카르타헤나에서 겨울을 보낸 호송선단―은 각기 멕시코 생산물과 페루 생산물을 싣고 단일한 선단을 이루며 다 함께 3월 중순께 출항하여 버뮤다 제도와 아조레스 제도를 거쳐 세비야로 귀항했다. 우리가 그저 간단하게만 보았지만, 선박들과 거기에 실린 모든 적재물과 하역물, 재^再적재물 등은 빈번하게 온갖 어려움과 장애물에 맞닥뜨렸다. 그럼에도 전체적으로 보면 아주 복잡한 시스템의 작동 아래 선박과 화물은 온갖 불상사를 극복하고서 외려 보란 듯이 스페인에 엄청난 양의 은을 보장해주었다.

| 4장 |

신고 간 물품, 신고 온 물품

스페인과 그 식민지들 사이의 교통 및 수송 시스템은 계속해서 심각하고도 위험천만한 두 가지 위험을 무릅써야만 했다. 그중 하나는 자연의 힘이었다. 이것은 공포스러운 허리케인과 폭풍우를 싣고 왔다. 세차게 몰아치는 폭풍우는 일사불란한 방어 대형을 깨뜨리고 선박들을 사방으로 흩어놓아 막대한 손실을 입혔는데, 이는 스페인 호송선단의 역사에서 일상적으로 벌어진 일이었다. 당시 사람들의 눈에 스페인인들은 일반적으로 영국인들보다 선원으로서 능력이 떨어져 보였다. 그래서 뱃일에 정통했던 디에고 포르티추엘로 데 리바데네이라는 "나는 이 나라와 배로 교역을 한 상대 정부—영국—를 알고 있다. 그들은 뱃일은 물론이요 무기 조작에 있어서도 그 역량과 준비 태세가 뛰어나다."라고 쓰기도 했다. 그럼에도 비록 뱃일에서 영국인들을 따라가지는 못했지만, 스페인인들이 그들 스스로 유능하고 효율적인 뱃사람들임을 자주 증명했다는 사실은 부정하기 어렵다. 이와 관련하여 다음과 같은 단순하지만 의미심장한 수치를 기억하는 것으로 충분할 것이다. 1546년과 1650년 사이에 있었던 총 1만 4,456차례의 항해에서 단지 402척만이 험한 바다 때문에 가라앉았고, 1717년과 1772년 사이에는 총 2,221차례의 항해에서 단지 85척만이 침몰했다. 당시 이 수치는 절대로 나쁜 기록이 아니었다.[3]

스페인의 교통 및 수송 시스템에 부정적인 영향을 미친 또 다른 요소는 해적이었다. 스페인은 이중의 전선을 맞닥뜨렸다. 그러니까 지중해 전선에서 야만인 해적들*에 맞서는 것은 물론이고, 대서양 전선에서 처음에는 프랑스인들로, 나중에는 영국인들로, 그리고 결국에는 네덜란드인들까지 합세한 반反스페인 연합 해적에 맞서 싸워야 할 처지였다. 스페인은 테네리페와 카디스, 산타크루스, 마탄사스의 참사들에서 보듯이 심각한 손실과 패배를 겪었다. 스페인 경제에 막심한 손해를 야기한 프랜시스 드레이크 경의 해적질이 있었는가 하면, 1587~1592년의 5년간처럼 스페인으로서는 각별히 불행한 시기도 있었다. 이 시기에 영국 해적은 세비야로 갈 은의 15퍼센트 이상을 가로챘다. 그러나 이 모든 사실에도 불구하

---

* 주로 아랍인 해적들을 지칭하는 듯하다.

고 스페인인들이 프랑스-영국-네덜란드 연합 해적의 위협을 봉쇄하는 데 성공했다는 점을 알아야 한다. 스페인인들이 조직한 선단 시스템은 매우 만족스럽게 작동했다. 그들은 세 나라의 해적이 자신들에 맞서 조직한 대단히 엄혹한 투쟁에서 탁월한 솜씨를 보여주며 빠져나올 수 있었다. 모국에서 식민지로 향하는 선박이든 식민지에서 모국으로 향하는 선박이든 대단히 정규적으로 목적지에 도착한 것이다.

스페인에서 출항하여 아메리카로 향하는 선박들의 화물은 늘 극도로 다양하며 수많은 물건과 상품으로 이루어져 있었다. 이 선박들에 실린 물품 목록은 가히 바자회 상품 목록을 방불케 했다. 예컨대 1594년에 돈 루이스 알폰소 데 플로레스의 지휘 아래 세비야를 출항하여 신스페인으로 향한 40척 이상의 선박 중 하나에는 상인 가스파르 곤살레스가 실은 각종 수저와 촛대, 밧줄, 증류기, 면도기, 피혁류, 묵주, 유리 세공 목걸이, 옷감, 셔츠, 네덜란드 직물, 플랑드르 직물, 리본, 손수건, 양탄자, 태피터 원단, 구슬 장식품류, 램프 등이 있었다. 또한 같은 호송선단에 세비야의 상인 안드레스 카넬은 각종 이불과 가재도구, 직물과 의류, 올리브와 올리브유, 설탕과 같은 식자재를 실었다. 이와 같은 물품의 극단적인 다양성은 식민지에서는 모든 것이 부족했고, 이 때문에 모국으로부터의 수입에 의존할 수밖에 없었다는 사정으로 설명할 수 있다. 식민지에서는 올리브유와 포도주, 곡물을 포함하여 일상생활에 필요한 그 어떤 물품도 생산되지 않았다. 그러므로 스페인 상인들은 확신에 차서, 늘 그렇듯이 아주 높은 가격으로 식민지에 물품을 팔 수 있으리라는 기대감을 갖고서 아메리카로 향하는 선박들에 일체의 물품을 실었다(17세기 저술가인 오소리오 이 레디나에 따르면, 17세기 말에 생산지와 식민지의 최초 판매지 사이의 평균 가격 차이는 무려 세 배였다). 이 선박들에 실린 화물 가운데 단연 큰 비중을 차지한 유일한 물품은 바로 수은이었다. 수은을 논외로 치면, 우세하게 눈에 들어오는 모습은 천태만상의 잡화점이다. 모든 사람이 식민지에서 판로를 발견했고, 거래되는 가격이 극도로 높았으므로, 모든 사람이 판매할 무언가를 갖고 있었다. 그렇기 때문에 아메리카로 향하는 선박들에 상품과 물건을 적재한 사람들은 비단 상인만이 아니었다. 군인과 선원, 여행객, 사제들도 팔 수 있는 것이라면 무엇이든 실었고, 또 실제로도 팔았다. 1595년 10월 30일이 되어서야 처음으로 아메리카에서 더 이상 그리 쉽게, 그리고 예전만큼의 매력적인 가격으로 팔 수 없다는 탄식이 들려왔다. 사실을 말하자면, 16세기 말 무렵이 되면 아메리카는 필요한 것을 자체 생산하기 시작했다. 물론 그렇기는 해도 1605~1610년까지 아메리카는 생필품의 거의 대부분을 스페인에서 오는 수입품에 의존해야 했다.

과연 스페인을 떠난 선박들이 포르토벨로나 베라크루스에 도착하는 모습은 야만인들의 침공을 떠올리게 할 정도였다. 알론소 소텔로가 왕에게 보낸 1603년 6월 4일자 편지에 따르면, 무장한 채

정신없이 짐꾸러미를 자신들의 보트에 하역하는 군인들 때문에 식민지에 실려 온 물품들을 통제하기가 여간 어려운 일이 아니었다. 이 편지에는 군인들을 제지하던 사람들은 사고를 당하기 일쑤였고 당연히 희생자들도 있었다는 등등의 내용이 나온다.

한편, 모국으로 돌아오는 화물은 구성이 상당히 동질적이었던 만큼 식민지로 갈 때와는 전혀 다른 성격의 물품들로 이루어져 있었다. 사실, 신스페인이건 티에라 피르메건 아메리카에서 돌아온 선박에서는 오직 두 종류의 물품, 즉 아메리카에서 생산된 물품과 "보물"로 불린 물품만을 만날 수 있었다. 아메리카에서 생산된 물품 중에는 염료, 특히 옷감 염색에 쓰는 붉은색 염료와 남색 염료, 브라질산 목재와 캄페체campeche*산 목재처럼 염색재로 사용되는 목재 등이 대종을 이루었다. 그다음으로 중요한 것은 사르사sarsaparilla와 대마, 껌, 할라파, 그리고 매독에 탁월한 효능을 보여 푸거 가문이 독점권을 장악할 만큼 유럽에서 수요가 격증한 구아이악(유창목) 같은 약재 식물이었다. 그 밖에 모직물과 면직물, 무두질한 피혁류, 설탕, 담배, 고추와 생강 같은 향신료, 그리고 필리핀에서 아카폴코를 경유하여 수입된 중국산 견직물 등이 다양한 물품군에 속해 있었다.

스페인으로 수입된 물품 가운데 중요한 또 다른 품목—오랫

---

* 멕시코 남동부 지방이다.

표 1. 스페인령 아메리카에서 수입된 '물품'과 '보물'의 가치(단위: 마라베디*)

연도	보물	물품	총액
1586년	750,000,000	386,250,000	1,136,250,000
1595년	6,453,315,000	281,199,000	6,716,514,000
1603년	2,831,411,000	326,672,000	3,158,083,000
1610년	2,190,416,000	189,290,000	2,379,706,000
1620년	1,295,964,000	472,035,000	1,768,000,000
1630년	2,136,430,000	557,512,000	2,693,942,000
1649년	1,003,683,000	67,130,000	1,070,813,000
1653년	301,406,000	22,527,000	323,933,000

출처: Hamilton, *American Treasure and the Price Revolution in Spain, 1501-1650*, 34~42쪽; Chaunu, *Séville et l'Atlantique*, passim.

동안 지배적이었던 품목—은 "보물"이라는 범주로 정의된 물품이었는데, 이는 금과 은, 진주로 이루어져 있었다. 표 1에 나오는 수치는 보물의 가치 총액이 다른 모든 수입품의 가치 총액을 넉넉히 압도하고 있었음을 보여 준다.

물론 물품의 가치가 2억 8100만 마라베디인데 비해 보물의 가치가 무려 64억 5300만 마라베디를 넘었던 1595년의 경우는 특별하기는 하다. 그러나 다른 해에도 대체로 보물의 가치는 다른 모든 수입품에 비해 4배에서 10배 이상 컸다. 그리고 1551년부터는 보물의 대부분이 은이었다. 과연 얼마만큼의 은이었을까?

---

* 당시 스페인의 명목 화폐인 페소(peso)로 따지면, 1페소=450마라베디였다.

스페인 은의 세계사

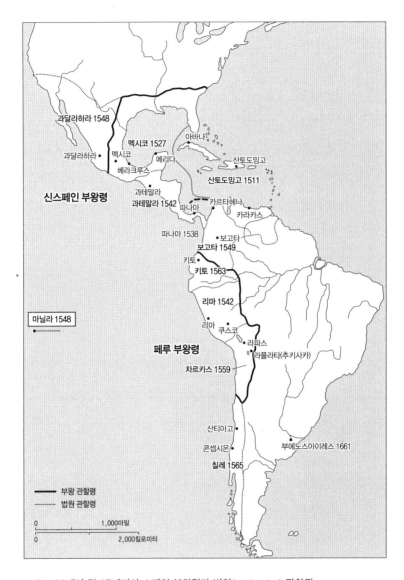

그림 1. 16세기 및 17세기의 스페인 부왕령과 법원(audiencias) 관할권.

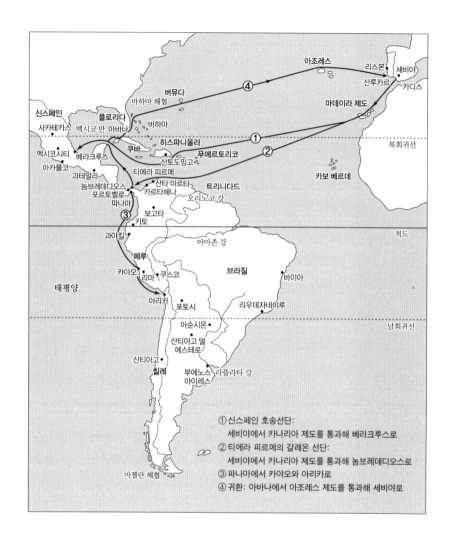

그림 2. 스페인 은 수송선의 항로. (출처: Elliot, *Spain and its World*)

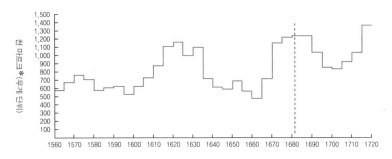

그림 3. 사카테카스 지역의 공식 은 생산량.
(출처: Bakewell, *Silver Mining and Society in Colonial Mexico*)

*서유럽에서 사용된 무게 단위. 스페인 마르크는 약 230그램.

그림 4. 테노치티틀란, 16세기 신문에 나타난 아스테카 제국의 수도.

(a)

(b)

그림 5. (a) 베네치아의 은화(트론 리라).
(b) 갈레아초 마리아 스포르차의 얼굴이 새겨진 밀라노 대형 은화.

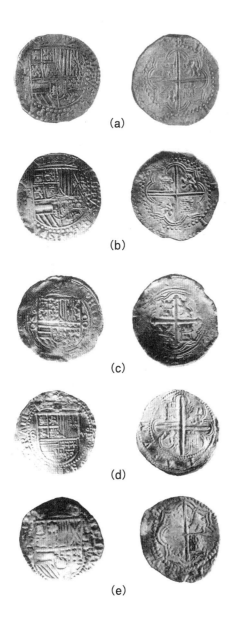

그림 6. 스페인의 8레알 은화 (Reales de a ocho). 당시 '8레알 은화'는 272마라베디였다. (a)의 복제품은 각인된 문양의 아름다움이나 보존 상태라는 면에서 단연 보기 드문 사례다. 이 은화는 세고비아에서 주조되었는데, 분쇄기를 이용하여 기계적인 방식으로 만들어진 것이 거의 확실하다. 페루에서 주조된 (b)의 은화 역시 각인된 문양의 세련됨이라는 면에서 보기 드문 사례를 대표한다. 멕시코시티에서 주조된 (c)의 은화와 (d)의 은화, 그리고 페루에서 주조된 (e)의 은화에서 보이듯이, 8레알 은화의 대다수는 그 각인 문양의 질이 크게 떨어졌다.

그림 7. 1600년에 세고비아에서 주조된 8레알 은화.

그림 8. 절단된 8레알 은화.

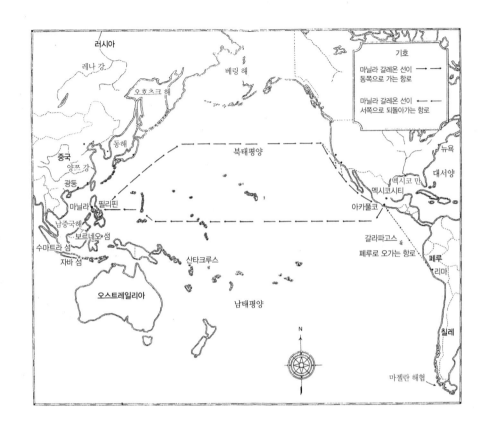

그림 9. 아카풀코-마닐라 왕복 항로. (출처: Lytle Schurz, *The Manila Galleon*)

GRIDA DE I PEZZI DA OTTO REALI
DEL MESSICO, E PERÙ PROHIBITI·

Nвigilando il M. Illuſt. Magiſtrato delle Monete della Sereniſſima Republica di Genoua nell'oſſeruanza delli ordini, & hauendo trouato nelli pezzi da otto reali delle ſtampe del Meſſico, e Perù, notabile mancamento nella bontà, e liga, in modo, che molti di eſſi ſono aſſai inferiori da quello doueriano eſſere con molta variatione di liga di loro; e conoſcendo eſſere di molto pregiudicio al publico, e priuato, il laſciar introdurre, e ſpendere dette monete. Participato il negotio ne i Sereniſſimi Collegi, **hanno ordinato**, che ſi facci **la** preſente publica Grida, con le prohibitioni, pene, &**altro**, che ſi dirà in appreſſo.

Che reſtino banditi, e prohibiti, come in vigor di queſta ſi bandiſce, e prohibiſce il tenerſi, e contrattarſi in qualſiuoglia modo di dette due ſorti di pezzi da otto, da quattro, e da due reali, delle ſtampe del Meſſico, e Perù. Commandando ad ogni perſona di che ſtato, grado, e conditione ſi ſia, compreſi anche i Teſorieri, e Caſſieri publici, che non ardiſcano da qui inantitenere, trattare, maneggiare, ò cōtrattare, pagare, riceuere, ò diſponere in qualſiuoglia maniera, ne ſotto alcun pretefto, per ſe, ne per interpoſta perſona, di dette due ſorti di reali, ſotto pena, riſpetto alle contrauentioni, che eccederanno la ſomma di pezzi cētо, ò in parte dei pezzi in quali haueſſero cōtrauenuto, e di lire 100. fin in lire 1500. per ogni cōtrauentione, il tutto in arbitrio di detto M. Illuſtre Magiſtrato. E per le contrauentioni minori di pezzi cento, però maggiori di pezzi venticinque ſotto pena della confiſcatione in tutto, ò in parte, e di lire 25. in lire 100. in arbitrio come ſopra. E per le ſomme minori di pezzi venticinque pena pecuniaria arbitraria à detto M. Illuſtre Magiſtrato.

E perche già ſono introdotti di detti pezzi di reali delle dette ſtampe del Meſſico, e Perù, per la Città, e Dominio, ſi concede termine, di giorni venti proſſimi da ſeguire dalla publicatione di queſta, à portarli in Zecca, doue le ſarà data la giuſta valuta, ò à mandarli fuori del Dominio, ò farli tagliare in modo, che più non ſi poſſino ſpendere.

Mà perche poſſono eſſer mandati tal volta di fuori del Dominio, di dette due qualità di pezzi ſenza ſaputa di chi li riceue nella preſēte Città: ſi ordina, che ogn'vno a quale in l'auenire occorreſſe riceuere reali delle ſudette due ſtampe, nō poſſa di eſſi diſponere; ma ſubito dopò riceuuti, & almeno frà il termine di 8. giorni dopò la riceuuta di eſſi debba manifeſtarli in Camera del Magiſtrato delle monete, e ſe ſaranno riceuuti di detti reali in altri luoghi del Dominio, ſi debba oſſeruare l'iſteſſo, e denontiarli à Giuſdicenti nelli atti de loro Attuarij frà l'iſteſſo termine reſpettiuamente, da quali luoghi vendendo alla Città, debbano portar copia di dette denontie, & in ogn'vno de i caſi ſudetti gionti in Genoua detti reali debbano frà detto termine portarli in Zecca per oſſeruar l'ordine di detto Magiſtrato, da qual Magiſtrato (ſe coſi vorrāno detti denunti, quando non vogliano rimandarli fuori) le ſarà prontamente fatto pagare il giuſto valore di detti pezzi, ò prouiſto in la maniera, che detto Magiſtrato patrà meglio per indennità di detti Mercanti, e delli ordini.

Et a, ciochè ogni perſona con più facilità, che ſia poſſibile, poſſa riconoſcere le ſtampe delli pezzi del Perù, e Meſſico, che ſi bandiſcono. con la maggior diligenza che ſi è potuto, ſi ſon fatti ſtampar l'impronti intieri delle ſtampe di detti pezzi. E perche ſi poſſa riconoſcere la di fferenza, che è fra quelli, che è di ſtampe buone, che ſi permettono, ſi è fatto ancora ſtampare l'impronto di altri pezzi buoni delle ſtampe, che più ordinariamente vengono di Spagna, con notta delle differenza più notabile. Auertendoſi che tutti li pezzi delle qualità, e ſtampe notate, ſono tutti di quelli mal ſtampati, e che comunemente ſi chiamano di ſtampa vecchia.

Perciò ſi sforza ogni perſona, tutti li Arteggiani, e Bottegari a prender copia di detta grida, che la ſarà venduta per prezzo ragioneuole, e tenerla nelle loro Botteghe, accio che poſſino hauere più facilità in riconoſcere detti pezzi prohibiti, perche non facendolo non ſarà dal Magiſtrato admeſſo ſcuſa alcuna di non hauerli conoſciuti.

Auertendo ogn'vno per parte di detto M. Illuſtre Magiſtrato, che ſi procederà rigoroſamente alle pene non ſolo contro quelli, che ſi troueranno in fatto traſgreſſori mà ancora contro quelli da quali detti tranſgreſſori li haueranno riceuuti, e ciò ſopra quelle prout, ò, veriſimilitudini, & inditij, che al Magiſtrato patranno baſtanti, conforme all'autorità, che le compete. Ordinando, che ſia publicato la preſente publica Gridane i luoghi ſoliti, acciò per venga à notitia di tutti, e ſappi ogn'vno come contenerſi, e non contrauenir alli ordini ſudetti, che da detto M. Illuſtre Magiſtrato ſaranno fatti inuiolabilmente oſſeruare. Dat. in Zecca li 14. di Febraro 1642.

Nota delle differenze frà li pezzi buoni, e li prohibiti.

Stampa del Perù banditi

Stampa del Meſſico banditi

La differenza delli pezzi del Perù nella parte della Croce, ſi conoſce alla forma delli due Caſtelli, che vi ſono, eſſendo mal fatti, &, in differente forma di quelli di tutte le altre ſtampe buone.

Dall'altra parte dell' arma ſi riconoſce in queſto la differenza, che in tutti li altri pezzi di ſtampe di Spagna, in mezzo all'arma ſi ſono due ſcudetti piccioli, vno di ſopra con l'arma del Regno di Portogallo, & vno di ſotto con vn'arma partita, in quale vi è vn Leone, & vn'Aquila; ma in detti pezzi del Perù, & in quelli del Meſſico non vi è ſolo il ſcudetto di ſotto, e vi manca quello di ſopra dell'arma di Portogallo.

Li pezzi del Meſſico facilmente ſi riconoſcono da tutti li altri, non ſolo per non hauere dalla parte dell'arma il ſcudetto dell'arma di Portogallo, ma per la differenza nell'altra parte della Croce, terminate con vna balla, che forma in detta Croce, quaſi vn Giglio, del modo che ſi vede nell'impronto, e poco da eſſo diſſimile; Et in tutte le altre ſtampe la Croce è fatta, di vna linea dritta, & vguale, che finiſce nell'ornamento che vi è intorno.

Stampa di Spagna buoni

Stampa di Spagna buoni

Negl' Atti del Nob. Gio: Tomaſ Baſica Notaro, e Cancelliere.

IN GENOVA, Per Pier Giouanni Calenzani, vicino à S. Donato. M.DC.XLII.

그림 10. 스페인, 멕시코, 페루산 8레알 은화를 금지한 1642년 2월 14일 제노바의 포고문.
(출처: Archivio di Stato di Genova, Finanza, parte antica, *Monetarum diversarum*, filza 62)

그림 11. 브뤼헐의 판화에 묘사된 스페인의 갈레온(1663년).

| 5장 |

쏟아져 들어오는 은

앞의 장 말미에서 던진 질문에 답하기 위해서는 1934년에 얼 J. 해밀턴 교수가 출간한 고전적인 저작 『스페인의 아메리카 보물과 가격 혁명, 1501~1650』에 나오는 일련의 통계를 참조할 필요가 있다. 이 일련의 통계는 1503년과 1660년 사이에 아메리카에서 스페인으로 유입된 은과 금에 특별히 초점을 맞추고 있다. 그러나 이 수치는 16세기의 이른바 "유럽 가격 혁명"에 천착한 모든 연구자는 물론이요, 아메리카 은 생산의 역사에 천착한 모든 연구자들이 꽤 오랫동안 일종의 '일품 요리'로 이용해 왔다(79쪽의 표 2를 보라).

이 통계에 따르면, 아메리카에서 스페인으로 유입된 은은 1521~1530년의 10년간 약 149킬로그램이었으나, 뒤이은 30년 동안 결정적이고도 지속적으로 증가하여 1551~1560년의 10년간에는 약 303톤에 이르게 되었다. 그다음 수치는 더욱 급상승하여 1561~1570년의 10년 동안에는 약 943톤에 도달했음을 보여 준다. 이 순간부터 다음 30년 동안 곡선은 계속해서 매우 가파르게 상승하여 1591~1600년의 10년 동안에는 무려 2,708톤을 가리키게 되었다. 이 특별한 추세는 1620~1630년에 끝났다. 즉 1601년과 1630년 사이에 곡선은 2,100톤을 약간 웃도는 수준에서 머물렀다가, 그 후 하락 국면에 들어가 1651~1660년의 10년간 약 443톤 수준까지 떨어지는 모습을 보여 준다. 전체적으로 볼 때, 해밀턴의 통계에 따른다면, 1503년과 1660년 사이에 1만 6,887톤의 은이 아메리카를 떠나 스페인에 도착했을 것이다.

나는 앞에서 매우 오랫동안 해밀턴의 통계가 16세기 스페인에 대한 적지 않은 연구들의 근간이 되었다고 말한 바 있다. 그러나 얼마 전부터 대단히 진지한 방식으로 엄밀하게 사료에 근거하여 이 유명한 수치들에 대한 의구심이 제기되었다. 사실, 해밀턴의 통계는 그것이 마땅히 보여 주었어야 할 어떤 현상을 지나치게 과소평가했다고 판단할 이유가 충분한데, 그가 점점 큰 비중을 차지하며 상승하던 밀무역에 의한 은 유입을 무시한 까닭이다. 아메리카에서 유입된 은의 양은 등록부 기록에 의거하여 추산되었는데, 이 등록부는 수입업자들이 국고에 지불한 관세에 따라 작성된 것이다. 즉 등록되지 않은 은이 있었고 이 은은 "등록부에 기재되지 않은 은"으로 불렸다.

표 2. 아메리카에서 스페인으로 유입된 금과 은의 양(단위: 톤)

	금	은
1503~1510년	5	−
1511~1520년	9	−
1521~1530년	5	−
1531~1540년	14	86
1541~1550년	25	178
1551~1560년	43	303
1561~1570년	12	943
1571~1580년	9	1,119
1581~1590년	12	2,103
1591~1600년	19	2,708
1601~1610년	12	2,214
1611~1620년	9	2,192
1621~1630년	4	2,145
1631~1640년	1	1,397
1641~1650년	2	1,056
1651~1660년	0.5	443

출처: Hamilton, *American Treasure*, 42쪽.

1560~1570년의 후반부부터 스페인의 모든 물품, 특히 은과 관련하여 밀무역이 늘 횡행했고 다소간 널리 확산되어 있었다. 1555년에 호송선단의 선박 중 한 척이 카디스와 지브롤터 사이에 있는 한 스페인 해안 근처에서 난파당했다. 이 배에는 원래 등록된 대로라면 8레알짜리 은화로 15만 레알이 실려 있어야 했지만, 실

제로는 정확히 그 두 배가 실려 있었고, 이 때문에 난파선에 실려 있던 깜짝 놀랄 만한 양의 보물을 온전히 회수할 수 있었다. 그런가 하면 카를 5세는 처음에는 다양한 경로를 통해, 나중에는 루이 고메스 데 실바가 직접 나서서 조사한 덕택에, 미겔 데 오켄도 휘하의 한 상선이 운송장에 기재된 것보다 훨씬 더 많은 화물을 싣고 세비야에 도착했음을 알게 되었다. 더욱이 이것이 전부가 아니었다. 황제는 밀무역 연루자들이 통상원 직원들의 묵인 아래 화물 관세도 탈루할 수 있음을 알게 되었다. 이 일화가 있은 다음에 카를 5세가 딸 후아나에게 쓴 3월 31일자 편지는 황제가 머리끝까지 치밀어 오른 분노를 표현한 몇 안 되는 기록들 중 하나다.

1568년에 신스페인에서 온 16척의 선박과 페루에서 온 29척의 선박이 세비야에 도착했다. 등록부에 따르면, 이 배들에 실린 화물의 가치는 4,500두카트*에 달했지만, 세간의 평가에 따르면, 이 45척의 배에서 실제로 하역된 은만 해도, 그러니까 등록부에 기재되지 않은 양을 합쳐 약 8,000두카트의 가치에 상당했다고 한다. 통상원은 1626년에 아메리카에서 도착한 은 유입량 중 등록부에 기재되지 않은 양을 250만 레알로 평가했다. 이듬해에는 150만 레알로 추정했다. 1634년에 페르난데스 데 코르도바의 갈레온 선단

---

* 원래 베네치아공화국의 화폐로서, 제1차 세계대전 이전까지 유럽에서 통용된 화폐 단위이다.

은 등록부에 6,100페소어치로 기재한 보물을 세비야에 하역했는데, 돈 마누엘 데 이노호사의 서류에 따르면 그들이 출항지인 포르토벨로에서 선적한 은은 약 7,000페소에 상당했으므로 여기에는 "엄청난 속임수"가 개입되어 있었다. 1648년의 한 공식 문서는 황금의 해였던 당시 한 해에만 페루와 칠레에서 세비야에 도착한 등록부에 기재되지 않은 은의 양이 50만 두카트에 달한다고 평가했다. 1634년 3월 18일의 국왕 문서에는 "아메리카로부터 등록부에 기재되지 않은 은이 유입되는 과정에서 확인되는 무질서가 너무 심해 더 이상 방치할 수 없는 상태에 도달했다."고 적혀 있었다.

점증하는 속임수를 퇴치하기 위해 정력적이고 진지하게 여러 조치를 취했지만, 큰 효과가 없거나 그저 일시적인 효과만 보았을 뿐이다. 그런 조치들이 취해진다 한들 얼마 안 가 모든 게 원래대로 돌아가거나 심지어 더 심해졌다. 1639년의 호송선단들은 수입된 은을 은폐하는 정도가 예전과는 비교도 안 될 만큼 심해졌음을 보여 주기도 했다. 그런 속임수는 빠르게 증가하여 가령 1660년이 되면 더 이상 수습할 수 없는 지경에 이르러 당국은 이미 유명무실해진 등록 과정 자체를 폐지하기로 결정했다.[4] 17세기 초에 은 밀무역은 전 국민이 애호하는 스포츠였다. 외국인과 스페인인 모두가 밀무역을 했고, 상인과 호송선단 사령관, 제독도 그 짓을 했으며, 선원과 승객도 거기에 동참했다. 게다가 수많은 주교가 큰 부를 갖고서 고국으로 돌아온 것을 보면 성직자들도 결코 예외가 아니었다. 예컨대 1622년에 세비야에서 사망한 프란체스코 수도원 소속의 후안 페레스 데 에스피노사 수사는 41만 4,700레알과 62개의 금괴, 기타 금붙이들을 포함한 유산을 남겼다. 이 수사의 보물은 등록부에 기재되지 않은 채 운송되었음이 입증된 후 전부 왕실에 몰수당했다.

도밍게스 오르티스 교수는 16세기 대서양 항로로 수송된 은의 양을 과대 평가하지 말라고 주의를 주면서, 아메리카에서 스페인으로 유입된 은에 관하여 해밀턴이 보고한 1만 6,887톤은 현대의 세계 은 생산량으로 따지면 기껏해야 2년치도 채 안 되는 양이라고 썼다. 우리는 해밀턴의 수치가 등록부에 기재되지 않은 은, 즉 밀수로 스페인에 운송된 은의 양을 무시했기 때문에 은 유입량을 과소평가했음을 보았다. 또한 우리는 16세기가 끝날 때까지 밀수가 급속히 증가했음을 보았다. 그럼에도 해밀턴이 보고한 1만 6,887톤에다가, 부정확할지언정 분명히 존재했던 주목할 만한 양을 더해도 여전히 현대의 은 생산량에 비하면 어림도 없다는 데 대해서도 인정할 수 있다. 다른 한편으로 미셸 모리노 교수에 따르면, 16세기에 아메리카에서 스페인에 유입된 은의 양은 잇따른 두 세기 동안에 유입된 양보다 상당히 적었다. 즉 16세기의 1만 6,887톤에 비해 17세기에는 2만 6,000톤 이상이었고, 18세기에는 3만 9,000톤을 상회했다. 이에 대해 이 저명한 프랑스 역사가는 16세기를 "지나치게 과대 포장된" 세기로, 17세기를 "부당하게 과소평가된" 세기로,

　　　　　　　　　　　　　　스페인 은의 세계사

18세기를 "제대로 이해되지 못한" 세기로 간주하기도 했다.[5]

도밍게스 오르티스와 모리노의 관찰은 올바르다. 그러나 이 두 저자는 매우 중요한 하나의 사실을 간과하고 있다. 16세기에 스페인에 유입된 은은 당대의 견지에서 파악되어야 한다. 앞으로 보겠지만, 15세기 중반에 이르기까지 중세 내내 유럽은 적절한 교환 및 지불 수단의 결여 때문에 교역과 특히 국제 무역이 방해받는, 유럽을 질식시키는 심각한 금속 부족 사태를 감내해야 했다. 비록 현대의 은 생산에 비하면 턱없는 양이고 또한 17~18세기에 비해서도 상당히 적은 양이지만, 16세기에 귀금속이 스페인에 도착했다는 사실은 유럽에서 통화 체제가 문자 그대로 뒤집힐 만큼 엄청난 새로움, 그러니까 혁명적이라고 말해도 좋을 새로운 조건의 도래를 의미했다. 우리는 곧 다음 장들에서 우리 역사에서 본질적이었고, 따라서 상세하게 연구되고 기술되어야 할 이 사실로 되돌아갈 것이다.

은은 국제 시장에 무제한적인 유동성을 부여한 재화이자 너 나 할 것 없이 앞다투어 가지려고 한 재화였다. 바로 이 때문에 스페인은 아메리카로부터 막대한 양의 은을 건네받아 인적 자원으로나 물적 자원으로나 보잘것없던 나라(카스티야)에서 눈 깜짝할 사이에 세계 최강국이 되었다. 그리하여 스페인 신학자 토마스 데 메르카도는 1569년에 올바르게도 "세비야와 대서양 연안 스페인은 예전에는 세상의 끝이었으나 이제 중심이 되었다."라고 쓸 수 있었다.

6장

8레알 은화의 등장

15세기 후반에 알프스 산맥과 헤르츠 산맥, 특히 티롤 지방의 슈바츠와 작센 지방의 슈네베르크에서 풍부한 은광이 발견되었다. 그 결과, 예외적으로 풍부해진 은이 당시 각지의 조폐소에 쇄도했는데, 이는 유럽 화폐 제도의 면모를 문자 그대로 뒤바꾸어 놓은 화폐 개혁의 중요한 기원이 되었다. 이 화폐 개혁은 베네치아에서 시작되었는데, 이곳에서 1472년에 처음으로 상당히 두툼한 주화가 주조되었다. 이전까지 중세 주화는 극히 얇은 두께를 특징으로 했으나 베네치아의 새 주화는 그보다 예닐곱 배에 달하는 두께를 자랑했다. 아득한 옛날 샤를마뉴 대제의 화폐 개혁 이래로 중세 내내 유럽의 화폐는 금과 은, 혹은 (은의 순도가 낮은) 은과 동의 합금 원판을 완전히 두들겨 만든 것으로서 별다른 힘을 주지 않아도 한 손의 엄지손가락만으로 쉽게 구부릴 수 있을 정도로 얇았다. 그 반면, 트론 리라*(베네치아의 새 주화의 이름)는 상당한 두께의 주화여서 절대로 구부릴 수 없었다. 또한 공식적으로 새 주화는 군주(베네치아의 경우에는 도제)의 초상을 실물과 완벽히 닮은 형태로 르네상스 양식으로 새겨 놓았다(70쪽의 그림 5를 보라). 다음 차례로 2년 후, 그러니까 정확히 1474년에 다른 곳에서 베네치아의 사례를 좇아 베네치아 주화보다도 몇 그램가량 더 무겁고 뒷면에 갈레아초 마리아 스포르차 대공의 아름다운 초상을 새긴 상당한 두께의 순수한 은화가 주조되었는데, 바로 밀라노의 은화였다(그림 5를 보라).

이 두 화폐의 프로필은 다음과 같다.

도시	연도	무게 (그램)	순도 (x/1000)	순은 함유량 (그램)	명목가치
베네치아	1472	6.5	948	6.16	20솔도**
밀라노	1474	9.8	963	9.44	20솔도

이처럼 전통 주화보다 더 무겁고 무엇보다 더 두꺼운 주화가 주조되는 새로운 흐름이 베네치아와 밀라노에서 시작된 까닭은, 이 두 곳이 역사적으로 긴밀하고도 유리한 방식으로 독일과 상업 및 금융 관계를 맺고 있었기 때문이다. 그래서 독일의 은은 게르만 민족들의 구제불능의 심각한 무역 적자에 대한 지불 수단으로 이 두 이탈리아 시장으로 유입되는 경향이 있었다. 두 새로운 주화는

스페인 은의 세계사

그 위에 새겨진 군주의 반흉상(사실상 두상에 가까웠다)으로 인해 이 거물들의 이름으로 불리게 되었고, 곧 이탈리아 안팎의 다른 나라들에서 모방 주화를 만들 정도로 시장에서 열렬히 환영받았다. 다음 일람표가 모방 주화들의 프로필을 보여 준다.

도시	연도	무게 (그램)	순도 (x/1000)	순은 함유량 (그램)	명목가치
토리노	1483	9.64	944.45	9.10	
제노바	1492	9.90	958.3	9.49	24솔도
피렌체	1535	10	958.3	9.58	40솔도
저지대 국가들	1487	7.2	935	6.73	
프랑스	1513	9.6	938	9.00	10솔도
영국	1509	9.33	925	8.63	1실링***

이 모든 일이 발생하는 동안, 깜짝 놀랄 만한 다른 사건들이 독일에서 일어났다. 이 장의 최초에 언급했듯이, 사건은 15세기에 대단히 풍부한 은광이 발견된 티롤에서 시작되었다. 이곳의 지기스문트 대공은 허영심을 타고난 인물이었는데, 이탈리아의 화폐

---

* '트론 리라(Lira Tron)'는 '트로노(Trono)'라고 불리기도 했는데, 베네치아 공화국의 68 대 도제(doge)인 니콜로 트론(Nicolò Tron, 재위기간 1471~1473년)의 이름을 땄다. '도제' 는 베네치아 공화국의 국가 원수 명칭이다.

** 당시 20솔도(soldo)는 240데나로(denari)로서 1리라에 해당했다.

*** 당시 영국에서 통용된 '실링(shilling)'에 해당하는 이탈리아 화폐 단위가 바로 '솔도 (soldo)'였다.

개혁과 그 성공 소식을 듣고서 그는 당시 독일 시장을 지배하던 금화, 즉 라인 굴덴Rheinischer Gulden에 해당하는 은화를 주조하겠다는, 당시 많은 이들이 기발하게 생각한 구상을 하게 되었다. 역사에서 지기스문트 대공의 "위대한 화폐 개혁"으로 알려진 이 시도는 1477년에 착수되어 당시 유럽에서 제조된 어떤 주화보다도 무거운 두 종의 거대 주화를 생산하는 것으로 귀결되었다. 두 주화 중 하나는 31.93그램의 무게에 순은 함유량이 29.92그램인 은화 굴디너 Guldiner였고, 다른 하나는 그 절반에 해당하는 할프굴디너Halbguldiner 로서 15.96그램의 무게에 순은 함유량이 14.96그램인 은화였다. 이 둘을 모방한 주화가 스위스(예컨대 1493년 베른)와 작센(1500년)에서 주조되기도 했지만, 독일의 두 주화는 당시 화폐 유통에서 큰 성공을 거두었다. 모든 정황으로 미루어 볼 때 이 주화들은 무엇보다 메달로 사용되었으리라고 추정된다. 그럼에도 어쨌든 이미 길이 닦였고, 본보기가 주어졌다.

보헤미아의 잔크트요아힘슈탈*에서 은이 발견된 이래로 광산 소유주인 슐리크 백작 가문은 15세기의 마지막 몇십 년 동안에 약 27그램에 달하는 거대 은화를 주조할 것을 명했다. 이 은화는 순도가 천분율로 약 900퍼밀에 달하여 순은 함유량이 24그램을 상회할 정도였다. 1528년에 이 은화를 제조하는 조폐소가 오스트리아의 왕 페르디난트의 수중에 떨어지자, 이 은화의 무게는 26.39그램으로 줄었다. 이 새로운 대형 주화는 함유된 은의 생산지 이름을 따서 요아힘슈탈러^{Joachimsthaler}라는 이름을 얻었고, 이후에는 그냥 탈러^{Taler}라고 불리게 되었다. 지기스문트 대공의 은화 굴디너가 그러했듯이, 슐리크 백작 가문의 탈러도 처음에는 화폐로서 환대를 거의 받지 못했고, 그래서 무엇보다 메달로 사용되었다. 그러나 얼마 안 가 16세기 초반이 되면 탈러는 설명하기 힘든 이유로 국제적 차원의 통화 유통 영역에서 믿을 수 없는 성공을 구가했다. 이런 성공은 탈러가 네덜란드의 달더^{daalder}와 미국의 달러^{dollar}라는 화폐 단위의 기원이 되었다는 사실을 들지 않더라도, 당시 탈러가 광범위하게 확산된 사실로도 충분히 증명할 수 있다.

1474년 12월 11일 엔리케 4세가 서거한 당시 스페인의 통화 상황은 혼란 그 자체였다. 새로운 주권자인 페르난도와 이사벨라는 이 대단히 미묘한 부문에서 서둘러 약간의 질서라도 잡고자 했다. 이 가톨릭 공동왕들의 첫 번째 화폐 개혁은 1475년 2월 20일에 공표되었고, 이때부터 즉각적으로 일련의 규정과 명령이 이어지다가 결국 1497년 6월 13일에 선포된 두 번째 화폐 개혁으로 귀결되었다. 이 개혁은 움베르토 F. 부르시오가 자신의 책 『사전^{Diccionario}』에서 몇몇 규정은 19세기까지도 효력을 유지했다고 썼을 정도로 파급 효과가 컸다. 이 개혁으로 무엇보다 화폐에 상응하는 것들의

* '성 요아힘의 계곡(Sankt Joachimsthal)'이라는 뜻으로, 체코의 지명이다.

정확한 규격이 확정됨으로써 유통되는 화폐의 법정 가치가 고정되었고, 주조될 화폐의 무게와 순도, 가치, 생산량 등이 결정되었다. 이 근본적인 두 번째 화폐 개혁의 규정들을 포함하는 텍스트는 1497년 6월 13일에 반포된 "메디나델캄포 칙령Prammatica di Medina del Campo"으로 알려져 있다. 이 문서로 미루어 볼 때, 스페인의 화폐 체제는 1497년까지는 무거운 은화의 출현과 함께 유럽의 나머지 지역에서 분명해지던 새로운 흐름을 아직 받아들이지 않고 있었음이 틀림없어 보인다. 스페인 화폐 체제의 근저에 있던 은화는 레알이었다. 레알은 페드로 1세(1350~1369년) 시기에 탄생했는데, 이것은 중세 유럽의 전형적인 화폐로서 1497년 시점에는 3.4그램의 무게를 지닌 가장 얇은 은화였다. 메디나델캄포 칙령은 레알을 약수로 나누어 1/2레알, 1/4레알, 1/8레알의 주조를 규정했지만, 배수로 곱한 레알의 주조는 규정하지 않았다. 칙령을 비롯하여 앞에서 인용된 문서들로는 스페인에서 대형 은화나 그 밖의 다른 대형 주화가 만들어졌다는 흔적을 찾아볼 수 없다. 스페인 화폐 체제는 여전히 중세적인 상태로 남아 있던 셈이다. 그러나 조만간 변화가 있을 것이었다. 1497년과 1530년 사이에 스페인에서 일어난 일을 이해하기 위해서는 우리의 망원경을 다시금 스페인령 아메리카 식민지로 돌릴 필요가 있다.

스페인인이 아메리카를 침공하고 점령했을 때, 아메리카에

스페인 은의 세계사

서 금속 화폐는 알려져 있지 않았다. 그 스스로 잉카인이었던 가르실라소*가 밝혔듯이, "내가 성장한 시절인 1560년까지, 그리고 이어진 20년 동안에도 내 땅에서는 화폐라는 것을 찾아볼 수 없었다. 스페인인들은 물품을 사고파는 장소에서 은과 금의 무게를 재기 시작했다." 원주민은 교환할 때 전통적으로 물물교환에 의지하거나, 그렇지 않으면 교환 수단이나 가치 척도로 코코아 씨앗이나 깃털, 직물, 금가루나 T자 모양의 작은 주석 조각 또는 동 조각 등을 사용했다. 스페인 식민지 어디서나 금속 화폐가 매우 희귀하거나 발견하기 어려웠으므로, 정착민들도 일반적으로는 금속 화폐의 대체물들을 지불 수단으로 사용했다. 금가루나 은괴가 사용될 때에는 주무 관청에 의해 감정을 받은 금속(그러므로 이에 근거하여 세금이 납부된 금은)과 통화로 사용되고 있지만 감정을 받지 않은 금속이 구분되었다.

부에노스아이레스 지역에서는 16세기 말까지 금속 화폐가 총체적으로 부족했고, 1574년 12월에 코르도바 시는 이 지역에는 거래하는 데 필요한 화폐가 없다고 선언하기도 했다.[6]

부르시오에 따르면, 이미 스페인 공동왕들은 1497년 4월 23일에 내린 훈령들에서 산토도밍고에 조폐소를 건립할 의도를 품고

---

* 스페인인과 잉카인 사이에서 태어나 페루에서 자란 뒤 잉카의 역사를 저술한 가르실라소 데 라 베가(Garcilaso de la Vega, 1539~1616년)를 말한다.

있었다. 그럼에도 다시 부르시오에 따르면, 같은 시기에 당국은 화폐 부족에서 비롯된 불편을 해소하기 위해 아메리카에서 얻은 금속으로 스페인에서 화폐를 주조하여 다시 식민지로 보내기로 결정했다. 히스파니올라*는 1506년에 세비야에서 주조된 화폐를 받은 최초의 식민지였을 것이다. 이보다 조금 늦게, 총독 니콜라스 데 오반도는 스페인 규격에 따라 스페인에서 주조될 200만 마라베디를 여러 식민지에 발송하기로 결정했고, 이 작업을 끝마치기 위해 역설적이게도 제노바 상인들을 통해 283퀸틀의 은과 같은 양의 동을 조달해야 했다. 이만한 양의 화폐 제조는 1511년 5월에도 여전히 끝나지 않았다. 1523년에 상당량의 주화가 모국에서 식민지로 발송되었고, 다시 1531년에도 발송되었다. 아단 사스디에 따르면, 이러한 모국으로부터의 화폐 입수는 어쨌든 너무나 제한적이어서 식민지 경제에 응분의 충격을 가할 수는 없었다. 1547년의 한 문서는 당시 파나마에 유통되고 있는 보잘것없는 양의 화폐에 대해 언급했고, 다른 문서는 과야킬에서 미미한 양의 레알을 보유한 어느 개인을 인용하는가 하면, 또 다른 문서는 1540년대 말까지도 레알을 입수하고 발견할 수 있는 유일한 지역이 포르토비에호뿐이었음을 보여 준다.[7] 그럼에도 불구하고 상황은 바뀌어 가고 있었다.

1535년 5월 11일에 황제**와 황후***는 금화를 제외하고 은화를 주조할 권한을 가진 조폐소를 멕시코시티에 설립하라는 명령을 내렸다. 은화와 관련하여 1535년의 명령은 레알 액면가의 배수와 약수, 즉 3레알, 2레알, 1/2레알, 1/4레알 은화를 주조할 권한을 부여했다. 이로써 스페인 또한 유럽의 나머지 국가들과 같은 길을 걷기 시작했다고 할 수 있다. 2년 후, 1537년 11월 18일의 국왕 문서에 의해 신스페인 부왕령의 총독 안토니오 데 멘도사에게 2레알 은화와 쉽사리 혼동되는 3레알 은화의 주조를 중지할 권한과, 동시에 8레알, 4레알, 2레알, 1레알, 1/2레알 은화를 주조할 권한이 부여되었다. 이리하여 공식적으로 "레알 데 아 오초real de a ocho"라고 불린 8레알 은화가 소리 소문 없이 등장하게 되었다. 펠리페 마테우 이 요피스가 썼듯이, 이 은화는 국제 유통과 거래에서 기축 통화가 될 주화, 말하자면 "독보적인 스페인 주화la pieza española por antonomasia" 가 될 것이었다. 이 은화는 이미 보았듯이 은밀하게, 그 주조 권한을 규정한 입법과 관련하여 아무런 언급도 없이 등장했다. 옥타비오 힐 파레스가 썼듯이, "우리의 화폐 역사에서 가장 이해하기 어려운 경우들 가운데 하나가 바로 8레알 은화의 등장이다."[8]

그런데 8레알 은화를 주조할 권한을 부여받았다는 사실이 곧 그 은화를 효과적으로 찍어낼 수 있다는 것을 뜻하지는 않았다. 그러한 권한 부여에 관한 기록은 얼마간 사문서로 남았다. 모든 정황

---

* 현재 히스파니올라 섬의 서쪽은 아이티이고, 동쪽은 도미니카 공화국이다.

** 카를 5세를 말한다.

*** 카를 5세의 황후인 포르투갈의 이사벨(Isabel de Avis)을 말한다. 그녀는 카를 5세의 부재 시에 스페인을 실질적으로 통치했다.

을 미루어 볼 때 최초의 8레알 은화들은 좀 더 늦게, 그러니까 필경 펠리페 2세의 통치 초기에 멕시코에서 주조되었다. 처음에 등장한 지기스문트 공국의 굴디너가 그랬듯이, 나중에는 슐리크 백작 가문의 탈러와 마찬가지로 스페인의 8레알 은화도 기꺼운 환대를 받지는 못했다. 1543~1545년에 감정사인 후안 구티에레스는 검열관인 프란시스코 테요 데 산도의 질문에 답변하면서 조폐소에 있으면서 6년 동안 8레알 은화를 제조했으나, 그 후에는 일이 너무 고된 관계로 기피된 까닭에 은화 제조가 중단되었다고 밝혔다.

또 다른 증언도 있다. 1546년에 멕시코시티 조폐소의 제련공인 프란시스코 데 린카스 디호는 곧 '십장capataz'이 되고 결국 화폐 재단공이 되었는데, 그는 이 조폐소에서 3레알, 2레알, 1레알, 1/4레알 은화를 제조했고, 곧이어 4레알과 8레알 은화를 제조하면서 3레알 은화의 생산을 중지하라는 폐하의 공문이 왔다고 밝혔다. 이 '십장'에 따르면, 그때부터 조폐소에서 4레알, 2레알, 1레알, 1/2레알, 1/4레알 은화가 생산되었고 한동안은 8레알 은화도 생산되었으나 일이 너무 많고 비용이 너무 많이 들어 생산이 중단되었다. 또한 같은 경우에 '화폐 주조공이자 십장monadero* y capataz'인 테스티호 알론소 폰세도 조폐소에 기거한 시기에 은화와 동화가 주조되어 처음에는 3레알, 2레알, 1레알, 1/2레알, 1/4레알 은화가 생산되었으나, 얼마 뒤에는 3레알 은화 주조를 중지하고 4레알 은화를 주조하라는 명령이 내려왔다고 밝혔다. 아울러 이 증언자는 한동안 조폐소에서 8레알 은화도 찍어냈으나 일이 너무 힘들고 불량품이 많이 생산되어 곧 생산이 중단되었으므로("제작하는 일이 매우 힘들고 벌금도 많이 나와서") 결국 8레알 은화는 짧은 시기 동안만 생산되었다고 밝혔다.[9]

그럼에도 8레알 은화에 대한 시장의 태도는 탈러의 경우에서처럼 상대적으로 짧은 시간에 근본적으로 변했다. 이미 1537년 가을에 왕은 신스페인 총독인 돈 안토니오 데 멘도사로부터 8레알 은화가 편리한 무게의 주화이기 때문에 사람들이 그것이 생산되기를 간절히 원한다는 소식을 받은 후 그에게 다음과 같은 답신을 보냈다. "금후로 그대들이 4레알, 2레알, 1레알, 1/2레알은 물론이요, 편리하게 보이는 한에서 8레알 은화를 생산할 것을 명령하고 이를 위임하노라." 그리하여 1558년 12월 11일에 바야돌리드의 코르테스**는 조폐소들이 힘이 덜 들고 이익도 더 많이 난다는 이유로 4레알과 8레알 은화를 생산하는 데 집중하느라 나머지 다른 레알 은화들을 덜 생산한다고 불평하기도 했다.[10]

1레알은 약 3.4그램이었으므로 8레알 은화는 27~27.5그램이었는데, 이는 굴디너보다는 가볍고 초창기 탈러와는 동등한 무게였다. 순도는 천분율로 930.555퍼밀이었으므로 순은 함유량은 약

---

* 'monedero'의 고어 형태이거나 오식으로 보인다.
** 당시 스페인의 신분제 의회다.

25.5그램에 달했을 것이다. 두께는 약 3밀리미터였고 지름은 40밀리미터였다. 그러므로 이 은화는 대형 은화들 중 하나였다. 그러나 몇몇 아주 드문 경우를 제외하면 대개 형편없이 주조되어 쉽게 부러지는 나쁜 주화였다(71쪽의 그림 6과 72쪽의 그림 7을 보라). 그럼에도 이 은화는 엄청난 양으로 시장에서 유통되었다.

이 당시에 8레알 은화의 구매력과 관련하여 우리는 다만 내용이 분명치 않은 몇몇 자료만을 제공할 수 있을 따름이다. 우리는 1571년경에 스페인의 수은 가격이 퀸틀당 117페소에서 100페소로 낮아졌다고 알고 있다. 1566년에도 생강 가격은 파운드당 8레알에서 몇 년 후에는 4레알로 크게 낮아졌다. 1610년 11월 16일에 피에몬테산 쌀에 대해 퀸틀당 28레알이 지불되어야 했는데, 이 가격은 1627년 11월 27일 당시에 퀸틀당 14페소가 지불된 칠레산 제련된 동의 가격보다 훨씬 더 높은 것이었다. 그러나 시장은 매우 불안정하여 해마다 가격이 달랐던 만큼이나 지역마다도 가격이 현저히 달랐다. 예컨대 1575년 6월 22일에 페루에서 포도주 한 병 가격은 5페소였다. 2년 후인 1577년 9월 7일에 베라크루스에서는 포도주와 올리브유가 잘 팔려서 상등품 포도주 한 병 가격이 약 55광산페소*에 달하게 되었다. 그런데 이듬해 놈브레데디오스**에서 "포도주는 어떤 가치도 없다."는 말이 돌았다. 같은 해 6월만 해도 "포도주가 너무 안 팔린다."는 말이 들렸지만, 이듬해 12월이 되면 "포도주는 많은 담배 파이프가 55~60광산페소 정도에 팔리는 것을 고려하면 잘 팔린다."며 결국에는 포도주가 높은 가격으로, 아마도 70 페소 정도의 가격으로 팔리게 되리라는 언급이 있었다. 한편, 1581 년 5월 14일 파나마에서는 상등품 포도주에 대해 한 병당 2와 1/2 페소 4그라노***가 지불되었다.

　비록 단편적인 자료들이지만 적어도 식민지의 화폐 시장이 상당히 비효율적이고 원시적이었다는 사실을 파악하기에는 충분하다. 무엇보다도 지역마다 심한 가격차와 해마다 달라지는 심한 가격 등락, 그리고 아메리카 어디서나 공통적이었던 60~65퍼센트에 육박하던 높은 이자율이 그러하다.

---

* 광산페소(peso de mina). 당시 아메리카에서 통용되던 명목 화폐 단위다.

** '신의 이름(Nombre de Dios)'이라는 뜻으로, 파나마의 대서양 연안 도시다.

*** 그라노(grano). 시칠리아를 비롯해 스페인 영토에서 사용된 페소 이하의 정밀한 무게 단위다. 문자 그대로 곡물 낱알 한 개의 무게에 해당한다.

7장

스페인에서 유럽 전역으로

8레알 은화의 유명한 역사를 만족스러운 방식으로 설명하기 위해서는 다음과 같은 사실을 정확하게 계량적으로 이해할 필요가 있다.

질문 1. 아메리카에서 생산된 은 가운데 몇 퍼센트가 아메리카에 머물렀고, 몇 퍼센트가 모국에 발송되었는가?

질문 2. 아메리카에 머무른 은 가운데 몇 퍼센트가 은화로 주조되었고, 몇 퍼센트가 은괴로 남았는가?

질문 3. 스페인에 발송된 은 가운데 얼마만큼이 은화로 주조된 것이었고(특히 8레알 은화로), 얼마만큼이 은괴 상태였는가?

질문 4. 스페인에 은괴 형태로 발송된 은 가운데 얼마만큼이 스페인 조폐소에서 은화로 주조되었고, 얼마만큼이 은괴 형태로 머물렀는가?

질문 5. 은화 형태든 은괴 형태든 간에 스페인에 도착한 은 가운데 얼마만큼이 스페인에 남았고, 얼마만큼이 다른 나라로 수출되거나 밀수되었는가?

이 모든 질문이 본질적이다. 불행히도 당시의 문서들은 이에 대해 침묵하고 있고, 우리는 좌절하거나 무지한 상태로 잔존하는 서류들의 행간을 이해하려고 애쓰면서 모호하고 부정확한 일반적인 인상만으로 만족할 수밖에 없다. 그러므로 다음과 같은 다양한 점을 고려해 보아야 한다.

대답 1. 16세기 대부분 동안에 아메리카에서 생산된 은 가운데 지속적으로 점점 더 많은 양의 은이 모국에 발송되었다. 그럼에도 16세기 말엽에 이 경향은 뒤집혔다. 무엇보다 네덜란드인들의 공격을 방어할 필요와 국지적 차원의 화폐 경제의 발전 때문에 식민지에서 생산된 일정량의 은이 식민지에 남았다. 이 비율은 시간이 흐름에 따라 증가했으나, 항상 그 상대적 양은 적었다. 스페인령 아메리카 은 생산의 큰 몫은 항상 스페인으로 유입되었고, 식민지에서 주화를 이용할 수 있는 가능성은 계속해서 매우 낮았다.

대답 2. 정복된 시점에 식민지들에서는 금속 화폐가 알려져 있지 않았고, 이후에도 적지 않은 시간 동안 원주민이든 정착민이든 계속해서 물물교환이나 카카오 씨앗, 금가루, 면직물 등의 금속 화폐 대체물에 의지했다는 점은 이미 언급한 대로이다. 당시 식민지들에서 유통되던 약간의 화폐들은 스페인에서 주조된 것이었다. 그럼에도 얼마 후에는 식민지들에도 몇몇 조폐소가 건립되었는데, 그중에서도 1535년에 설립된 멕시코시티의 조폐소와 1574년이나 1575년쯤에 화폐를 생산하기 시작한 포토시의 조폐소가 제일 중요했다. 그 밖에 산토도밍고나 리마에도 소규모 조폐소가 세워졌으나, 아무래도 멕시코시티와 포토시의 조폐소가 오랜 기간에 걸쳐 가장 중요했다. 내가 믿기로는, 멕시코시티의 조폐소가 설립된 1535년부터, 그리고 여기서 고려되는 전 시기 동안에 아메리카에서 생산되고 현지에서, 즉 아메리카의 조폐소에서 화폐로 변형된 은의 비율은 계속해서 증가했다.

대답 3. 스페인으로 발송된 보물들의 구성은 시간이 흐름에 따라 바뀌었다. 스페인은 계속해서 은괴를 받았으나, 동시에 멕시코시티와 포토시의 조폐소에서 생산된 막대한 양의 은화도 항상 받았다. 그리고 이 스페인령 아메리카의 은화들 중에서 항상 8레알 은화가 우세했던 것으로 보인다.

대답 4. 스페인은 상당수의 조폐소를 거느렸다. 특히 세비야, 부르호스, 그라나다, 톨레도, 쿠엔카, 세고비아, 라코루냐, 바야돌리드, 마드리드, 바르셀로나, 사라고사 등지에 조폐소를 두고 있었다. 이 중에 라코루냐의 조폐소는 펠리페 2세의 치하 대부분의 기간 동안 개점휴업 상태였다. 바야돌리드와 쿠엔카, 부르호스의 조폐소도

점점 중요성을 잃어갔다. 마드리드의 조폐소는 이따금씩만 가동되었다. 그러나 다른 조폐소, 특히 세고비아와 세비야에서는 조폐소의 가동률이 매우 높았다. 16세기 후반에는 마드리드에 수력을 동력으로 하는 조폐소를 건립하려는 계획이 입안되었다. 독일에서 이런 유형의 기계 장치를 발명했는데, 예를 들면 피렌체는 1576년에 독일 숙련공들을 들여와 "터빈식a mulinello" 화폐 주조법을 도입했다. 불행히도 마드리드에는 화폐 주조용 분쇄기를 돌리는 데 쓸 수력이 부족했다. 그래서 수력 조폐소는 세고비아의 에레스마 강 둑에 건설되어 1586년부터 가동되기 시작했다. 당시 세고비아에는 두 개의 조폐소가 있었는데, 성 안의 구 조폐소는 특정한 유형의 화폐를 생산한 반면, 성 밖의 회전식 신 조폐소는 8레알 은화를 포함하여 다른 유형의 화폐를 주조했다. 그 밖에 주목할 만한 중요한 조폐소로는 세비야의 조폐소를 꼽을 수 있다. 약 200명의 노동자가 일했던 세비야의 조폐소는, 디에고 쿠엘비스에 따르면, "세상에서 가장 훌륭한 조폐소이자 가장 많은 화폐를 생산한 조폐소"였다. 그러나 그림 7에서 보듯이, 세비야의 조폐소 역시 별로 매력적이지 못한 8레알 은화를 생산했다.

식민지들은 이 스페인의 조폐소들에서 쓸 원자재, 즉 은괴를 계속해서 공급했다. 그럼에도 식민지들에서 나온 모든 은괴가 스페인의 조폐소에서 은화로 바뀐 것은 아니었다. 확정할 수는 없지만, 항상 매우 높은 비율의 은이 앞으로 보겠지만 은괴 형태로 남

스페인 은의 세계사

았고 활발한 국제 무역의 대상이 되었다.

대답 5. 이제부터는 우리가 많은 정보를 토대로 추정한 것을 말할 차례이다. 우리는 스페인에 유입된 모든 은─은괴, 식민지에서 주조된 은화, 스페인에서 주조된 은화─중에서 매우 적은 양만이 스페인에 남았고, 나머지 거의 모든 양이 나라 밖으로 빠져나갔음을 확실히 알고 있다. 중상주의 신조가 우세했던 시대에 일어난 이렇듯 지속적이고 돌이킬 수 없는 은 유출은 각별한 관심 속에서 평가되었다. 이와 관련하여 인용할 수 있는 텍스트는 셀 수 없을 정도이다. 당대에 탄식이 끊이지 않았다. 여기서 나는 충분히 의미가 있다고 생각되는 두 개의 문서만을 인용하겠다.

1588~1593년의 코르테스들은 "우리의 왕국들은 아메리카에서 유입된 금과 은, 계속해서 유입되고 있는 상당한 양의 그것들로 인해 세상에서 가장 부유한 왕국이 될 수 있었지만, 반면에 금과 은을 우리의 적인 다른 왕국들로 내보내는 징검다리로 전락한 까닭에 가장 가난한 존재가 되고 말았다."고 선언했다. 그런가 하면 1595년에 베네치아 대사인 프란체스코 벤드라민은 스페인의 상황을 논쟁적으로 논평하면서 다음과 같이 썼다. "스페인인들은 아메리카에서 스페인으로 온 이 보물과 관련하여 자신들에게 닥친 상황을 집의 지붕에 비가 내린 것 같은 효과에 비유하는데, 그러니까 지붕 위로 비가 많이 내릴수록 처음에 비를 맞은 집이 혜택을 얻기는커녕 오히려 집 전체가 허물어진다는 식의 말은 일리가 있어 보

인다.”

중상주의 이론을 논외로 하더라도, 스페인 은의 과다 출혈이
이 나라가 몰락하는 국면들 중 하나이자 몰락한 원인들 중 하나였
음은 부정할 수 없는 사실이다. 그러나 의문이 남는다. 왜 스페인은
식민지들이 공급해 준, 또 계속해서 공급하게 될 이 막대한 양의
은을 잃어버렸을까?

이 질문에 답변하기란 그리 어렵지 않다. 무엇보다 아메리카
에서 스페인에 도착한 보물 중 약 75~80퍼센트가 사적 거래로 획
득된 것이었고, 나머지 20~25퍼센트만이 왕실 수입, 즉 신민들의
광산 활동과 물품의 수출입 관세, 기타 다양한 증여에 대해 징수한
세금 수입이었음을 고려할 필요가 있다. 여기에 알마덴 광산의 수
은 판매 수입과 왕실이 도처에서 푸거 가문과 싸우며 확립한 독점
체제를 통해 발생한 판매 수입이 덧붙어야 한다. 그럼에도 스페인
왕실은 줄기차게 빚을 지곤 하는 나쁜 습성을 버리지 못했다. 스
페인에 도착한 왕실 소속의 보물은 통상 목적지에 도달하기도 전
에 소비되고 말았다. 왕실의 채무가 무엇보다 다양한 전선에서 군
대를 유지하느라 발생했으므로 왕실이 빚을 청산하기 위해 지불한
보물들은 스페인에서 빠져나와 교전 구역에서 재등장했다. 그리하
여 1551년 10월에 밀라노* 조폐소에서는 “군대를 위해 아메리카
에서 발송된 은”으로 8레알, 4레알, 2레알 은화들을 주조했고, 다음
달 11월에도 밀라노 조폐소에서 “군대의 필요를 위해 제노바 주재

대사 세사레오에게 위임된 방식으로" 8레알, 4레알, 2레알 은화들을 주조했다. 이 10월과 11월에 걸쳐 밀라노에서 총 7,235마르크(1.85톤)에 상당하는 은화가 주조되었는데, 이는 다시는 스페인으로 돌아오지 않을 은화였다.[11]

1567년에 알바 공**이 플랑드르를 침공했다. 주화와 은을 가득 실은 두 개의 거대한 호송대가 바욘과 파리를 향해 진군하는 원정대를 따랐다. 말로 표현하기 힘든 공작의 전쟁 수행 노력을 지지하기 위해 또 다른 거대한 물량이 다음 해, 또 다음 해에도 계속 발송되었다. 이처럼 막대한 양의 귀금속이 스페인에서 빠져나와 플랑드르 전선으로 이전된 결과, 처음으로 상당한 양의 스페인 은이 도착한 프랑스 북동부에서 화폐 유통량이 눈에 띄게 증가했다. 그뿐만 아니라 1567년과 1569년 사이에 안트베르펜에서 거대한 양의 은화가 주조되었다.

기억할 수 있는 숱한 사례 가운데 연루된 은 물량의 측면에서 위와 같은 유형의 또 다른 사례는 1583년의 것이다. 그해 9월 13일에 돈 알바로 플로레스 데 퀴뇨네스 장군의 신스페인 무적함대 및 호송선단과 돈 디에고 말도나도 장군의 티에라 피르메 무적함대

---

* 당시 밀라노는 카를로스 1세 치하의 스페인 합스부르크 왕국의 속령이었다.

** 스페인의 군인이자 정치가로서 네덜란드 반란을 진압하고 무력 지배한 페르난도 알바레스 데 톨레도(Fernando Alvarez de Toledo, 1507~1582년)를 말한다.

및 호송선단이 세비야에 도착했다. 총 70척의 선박에 왕실에 귀속될 은과 주화가 가득 차 있었음에도, 왕은 그 모든 값진 재물 가운데 단 한 점도 만져 볼 수 없었다. 왜냐하면 이 보물들은 하역되자마자 왕의 수많은 채권자들 중 몇몇에게로 분할되었기 때문이다. 시몬 루이스에게는 2800만 마라베디, 후안 오르테가 데 라 토레에게는 1만 4,000두카트, 그리고 보통은 푸거 가문을 대신하여 후안 세들러에게 5만 2,000두카트가 갈 것이었다.

다른 한편, 이러한 은의 유출에 책임이 있는 당사자는 주로 왕실이었음에도 불구하고, 왕실만이 유일하게 책임을 져야 하는가에 대해서는 분명하게 답하기 어렵다. 이와 관련하여 하나의 가정을 해 보자. 지금 경제 균형 상태에 있는 A국, B국, C국 세 나라가 있다고 하자. 그리고 특정 시점에 A국에서 통화량이 급격히 증가하여 균형 상태가 깨졌다고 가정하자. 만일 문제의 나라가 그들의 생산 체제로는 유통 화폐량이 증가한 만큼 총생산량을 증대할 수 있는 상태가 아니라고 하면, 경제 이론이 우리에게 보여 주는 바는 A국은 가격 상승과 B국, C국으로의 귀금속 유출을 겪을 것이다. 그와 동시에 B국, C국으로부터 A국으로 재화와 용역의 수출이 증가할 것임에 틀림없다. 아메리카에서 유입된 막대한 은을 소유한 스페인에게 일어난 일은 이러한 이론 모델을 완전히 증명한다.

아메리카의 초기 정착민들이 모든 종류의 재화와 용역을 필요로 했고, 이 모든 재화와 용역을 모국으로부터의 수입에 의존할 수

스페인 은의 세계사

밖에 없었다는 사실은 이미 앞에서 언급한 대로이다. 처음에 수입품은 생존에 필수적인 재화, 무엇보다 포도주와 곡물, 식초, 올리브유 등으로 이루어져 있었다. 스페인은 그런 재화를 공급해 줄 수 있었고, 따라서 특별한 문제가 생기지 않았다. 그러나 상황은 변하여 16세기 말경에, 그리고 더욱 두드러지게는 17세기 초 무렵에 정착민들은 모국으로부터 부과된 일체의 금지와 난관에도 불구하고 일정한 자율성을 확보하는 데 성공했다. 예컨대 1607년 통상원의 한 보고서는 "페루에서는 포도주 생산이 충분하고 비누도 만들며 올리브유도 난다."라고 밝히고 있다.[12] 일단 생필품 수급에 대해 자율성을 얻고 만족스러운 부의 수준에 도달한 뒤, 정착민들이 좀 더 다양하고 고급스러운 생산품을 필요로 하고 그에 따라 수요가 생기는 것은 자연스러운 일이었다. 그러나 밀가루와 올리브유, 식초, 포도주 등의 경우에는 스페인이 별 어려움 없이 공급해 줄 수 있었지만, 모직물과 구두, 양탄자, 가구, 견직물, 벨벳, 시계 등을 공급하는 문제에 당면해서 스페인 생산 체제는 완전히 취약성을 노출하고 말았다. 공급은 수요의 폭증을 결코 따라잡을 수준이 못 되었다. 1545년이 되면 스페인 산업이 카르타헤나와 포르토벨로, 베라크루스에서 요구하는 물품을 공급하기 위해서는 적어도 6개월의 기간을 두어야 했다. 그렇지 않고서는 공급이 불가능했다. 그 결과, 가격이 뛰었고, 스페인은 정착민들이 요구한 물품을 조달하기 위해 외국에 의존해야 했다. 스페인 수출업자들도 자신의 이름을 빌려 주면서까지 외국 생산자들에 의존해야 했는데, 이런 편법은 아메리카 무역에서 외국인을 배제한 금지 조치를 피하기 위한 것이었다. 1522년의 한 텍스트는 "카탈루냐로부터, 또 로실리오네 군郡으로부터, 그리고 세르다냐로부터 매해 거대한 양의 원단이 카스티야 왕국으로 오고, 이곳에 온 넷 중 셋은 아메리카를 향해 길을 잡는다."라고 언급하고 있다. 장 보댕*에 따르면, 1570~1580년의 말경에 스페인은 직포와 원단, 종이, 책, 각종 목재 등 주로 식민지에 수출할 물품을 주로 프랑스에서 수입해 오는 방식으로 확보했다. 이런 방식으로 유럽에서 거대한 무역과 이에 못지않은 거대한 밀무역이 발전했던 것이다.

스페인은 수입 대금을 은괴 형태로건 은화 형태로건 아메리카산 은으로 지불했는데, 이에 따라 진정한 의미의 은의 범람이 일어나 전 유럽이 휩쓸려갔다.

---

*주권론으로 유명한 프랑스의 정치사상가 장 보댕(Jean Bodin, 1530~1596년)을 말한다.

8장

국제 통화거나 수출 상품이거나

국제 결제에서 가장 많이 사용된 스페인 화폐이자 가장 많이 선호
되고 환대받은 화폐는 일반적으로 "페소"라고도 불린 바로 8레알
은화였다. 이 은화가 얼마만큼 질이 낮고 형편없이 주조되었는지
에 대해서는 이미 본 대로이다. 그럼에도 이 은화는 대단히 신속하
고 광범위하게 퍼져 나갔다. 이 은화는 16세기 초에 플랑드르와 프
랑스, 포르투갈에서 모습을 나타냈다. 1540년대 말부터는 유럽 도
처에서 찾아볼 수 있었다. 1551년에 밀라노, 1554년 영국, 1552년
피렌체, 1585년 베네치아, 1570년경 알제리, 1579년에는 에스토니
아에서도 찾아볼 수 있었다. 1553년에 영국 정부의 대표 토머스 그
레셤*은 안트베르펜에서 보낸 보고서에서 "여기서는 더 이상 금으
로 거래하는 어떤 유형의 활동도 찾아볼 길이 없다. 안트베르펜의

광장에서는 있을 수 없는 참으로 이상한 일이 일어나고 있다. 오직 대량의 스페인 레알만을 찾아볼 수 있다."라고 쓰기도 하였다. 1540~1550년 말경에 펠리페 2세가 순행길에 올랐을 때, 대량의 8레알 은화가 프랑스에서 보고되었고, 1661년에는 8레알 은화로 330만 레알이 카디스에서 생말로에 도착했다는 소식이 있었다.[13] 17세기에 들면 8레알 은화는 리가와 페르나우, 레발, 나르바, 니엔 등 유럽 변두리 지역에도 나타났다. 같은 세기에 러시아인들은 정기적으로 8레알 은화로 지불받곤 했다. 프로이센에서도 1590년경에 레알 은화가 도달했는데, 1794년 6월 25일자의 한 증명서에 따르면, 그 날짜에도 레알은 화폐로 유통되고 있었다.

유럽 북부에서는 다른 대형 은화들이 레알 은화에 못지않은 중요한 역할을 담당했다. 주로 1575년에 처음으로 네덜란드에서 주조된 릭스달러**와 뢰벤달러***였다. 그러나 유럽 남부에서는 레알의 우위가 단연 절대적이었다.

역설적이게도, 점점 더 많은 8레알 은화가 시장에 쇄도함에 따

---

* "악화는 양화를 몰아낸다"라는 이른바 그레셤의 법칙을 제창한 것으로 알려져 있는 영국의 재정가 토머스 그레셤(Thomas Gresham, 1519?~1579년)을 말한다.

** 릭스달러(rix-dollars). 네덜란드어로 레익스달더(rijksdaalder)나 독일어로 라이히스탈러(Reichsthaler)라고도 쓰인다.

*** 뢰벤달더(leeuwendaalders). 사자 모습이 새겨져 있다고 하여 사자 달더(lion daalder)나 사자 탈러(lion thaler)라고도 쓰인다.

스페인 은의 세계사

라, 점점 더 이 화폐는 환대받고 선호되었다. 중요한 사실은, 유럽인들이 은을 지불 수단으로 사용함으로써 자신들의 생산품에 일절 관심을 보이지 않는 비유럽 시장에서 물품을 구입할 수 있었다는 점이다. 8레알 은화를 소지한 사람은 세상 어느 곳에서도 통하는 구매력을 소유했다. 그 반면, 레알이 없는 사람은 자동적으로 시장에서 퇴출당했다. 이 진술은 그 세기에 유통된 다른 대형 은화들, 그러니까 이미 언급한 릭스달러나 뢰벤달더에 대해서도 완전히 유효하다. 이 모든 화폐, 특히 레알 은화는 유럽 민족들에게 동양과의 무역을 현저하게 팽창시킬 수 있는 가능성을 열어 주었다. 이와 관련하여 1610년 1월 23일자 베네치아의 회의록이 의미심장한데, 여기서 원로원은 다음과 같은 내용을 언급하고 있다.

이 위원회에서 레반트 각지의 거래 협상을 악화시킨 많은 주요 원인들에 주목하는 것은 아주 고무적인 일이다. 레반트 거래는 예전엔 극히 활발했지만, 당국자들의 역량 감퇴와 해당 영역에서 우리 주권의 침식으로 급속히 사라지고 있다. 그러나 가장 중요한 원인으로는 다른 나라 상인들에 비해 우리 상인들이 안고 있는 크고 심각한 약점을 들 수 있다. 다른 나라 상인들은 잘 알려진 통화로서 동양인들에게서 환영받는 스페인 레알을 자본으로 갖고 다니며 레알로 쉽고 빠르게, 우리보다 12퍼센트 이상 이윤을 남기면서 거래하고 결제한다. 그 반면, 우리는 그들과 경쟁할 엄두도 못 내며 자본을 써 보지

도 못한다. 이는 거래할 때 현금을 갖고 다니는 것이 우리에게 얼마나 필요한지를 보여 준다.[14]

1589년 제노바에서는 "외국 화폐는 무엇이든지" 금지되었으나, "건전한 레알과 정당한 페소"에 대해서는 예외 규정을 두었다.[15]

은을 스페인에서 수출하기 위해서는 왕실의 특별 허가가 필요했다. 특히 이런 특혜를 얻은 사람들은 제노바인들이었는데, 그들은 다른 상대자들보다 더 쉽고 더 빈번하게 수출 허가를 얻었다. 그들의 특권적 지위가 스페인 주권자들의 특별한 자비에서 비롯된 것은 아니었다. 그러기는커녕 펠리페 2세를 필두로 주권자들은 제노바인들이 폭리를 취한다고 여겼기에 그들을 죽도록 혐오했다. 그러나 제노바인들의 금융 수완이 워낙 출중했으므로 스페인 왕들도 제노바인들이 요구하는 것을 따르지 않을 수 없었다. 제노바인들이 수출 허가를 쉽게 따냈음을 고려하면, 그들이 남유럽 각지에서 스페인 은의 분배자가 되었다고 할 수 있다. 1573년 한 피렌체인의 보고서는 "이탈리아에 건너온 돈[레알]의 거의 전부 혹은 대부분이 제노바에서 발견된다."라고 쓰고 있다. 16세기 말부터는 은 밀무역 또한 더 빈번해지고 더 광범위하게 확산되었는데, 이로써 공식적으로 수출 허가를 얻는 일은 별로 중요하지 않게 되었다. 그렇다고 스페인 은의 분배자로서의 제노바인들의 능력이 손상되지는 않았다.

　스페인령 아메리카의 은은 "덩어리pasta" 형태, 즉 크고 둥근 빵처럼 생긴 주괴 형태나 주화 형태, 특히 8레알 은화 형태로 이동했다. 덩어리로 된 은에 비하면 레알은 바다를 건널 때 관세를 지불하지 않아도 된다는 이점이 있었다. 반면에 은 덩어리는 정련과 주조 작업에 이점이 있었다. 1600년 한 피렌체인의 회고록이 이 점을 명확하게 말해 준다. "레알은 모든 곳에서 덩어리보다 더 기피된다. 하지만 덩어리는 거쳐 가는 곳에서 관세를 피할 만한 방도가 주변에 없기 때문에 레알이 덩어리보다 1퍼센트 이상 더 이윤을 남기고 지불된다. 그러나 화폐나 그 밖의 것을 주조해야 하는 사람에게는 덩어리가 레알보다 순도 면에서 1퍼센트 이상 더 낫다."

　레알은 통상 주화들을 채우면 2만 레알에 상당하는 상자에 담겨 스페인에서 다른 곳으로 이동했다.

　스페인에서 수출된 8레알 은화들은 유럽 각지에서도 오래 머물지는 못할 운명이었다. 강력한 힘이 이 은화들을 동양으로 이끌었다. 킬벵거는 17세기에 8레알 은화와 라이히스탈러가 동양으로 옮겨 감에 따라 가치가 증식되었다고 썼다.

　레알이 동양으로 움직이는 그와 같은 경향을 이해하기 위해서는 유럽인들이 동양 생산품에 목말라 했지만 정작 그들에게는 동양 생산품과 교환할 만한 것이 아무것도 없었다는 점을 고려할 필요가 있다. 당시 인도든 중국이든 유럽 생산품에는 아무런 관심도 없었으니 말이다. 상황을 개선하려는 시도는 셀 수 없이 많았다. 가령 영국 정부는 인도로 향하는 선박의 화물 가운데 최소한 10분의 1은 "왕국의 농산물과 제조품"이 되어야 한다고 명했다. 영국 동인도회사는 북방의 엄혹한 기후가 "영국산 모직품의 활발한 판매"에 유리하게 작용하리라는 희망으로 "난징 무역에 참여"한 것은 물론 중국 북부의 다른 도시들과의 무역에도 적극적으로 참여했다. 그럼에도 이런저런 시도들은 비참한 실패로 끝났다. 유럽 상인들은 그림과 공예품을 수출할 수 있을지 가능성을 타진했으나, 서양의 예술품은 전적으로 종교적 주제와 연관된 것들이었다. 리처드 코크가 일본에서 썼듯이, 과연 아시아 민족들은 성경의 장면에는 전혀 관심이 없었다. "그들은 우리의 귀중한 회화보다는 말이나 배, 새가 그려진 도화지를 더 높이 평가한다. 누구도 성 바울의 개종을 묘사한 아름다운 그림에 땡전 한 푼 지불하지 않을 것이다." 전통 그림을 팔려는 시도가 무익하게 끝난 후, 네덜란드 동인도회사는 "누드 모음집이나 그 밖의 별로 우아하지 않은 삽화들처럼 좀 더 인간의 보편적 욕구"를 자극하는 인쇄물을 팔려고 했다. 그러나 이처럼 상상력 넘치는 노력도 기특한 결과를 내지는 못했다. 유럽인이 인도 및 중국과 무역을 원한다면, 그들에게는 이 두 나라에 은, 특히 8레알 은화를 제공하는 것 말고는 뾰족한 대안이 없었다. 유럽의 대對아시아 무역 적자가 코앞에 닥친 판국이었다. 판 린스호턴이 인도로 출항한 배들에 대해 썼듯이, "배들은 포도주와 올리브유 몇 통, 기타 소량의 상품을 가볍게 실었을 뿐 바닥짐과 식량을 빼면 다른 어떤 물품도 수송하지 않았다. 왜냐하면 인도로 발송된 것은 거의 전부 8레알 은화였기 때문이다." 여전히 1701년에도 영국 동인도회사의 해외 지부는 런던의 부서에 다음과 같이 타전했다. "귀 부서에게 이곳에 무엇을 발송하라고 조언해야 할지 모르겠다. 왜냐하면 이곳 주민들은 은과 납 외에는 어떤 것도 좋아하지 않기 때문이다. 아마도 은과 납을 제외한 귀 부서의 나머지 모든 상품을 바다에 버려도 회송 화물 물량은 그리 많이 줄어들지 않을 것이다."

동양으로의 은 수출은 동양과의 무역 일반과 마찬가지로 다음 두 회사의 성장 덕택에 촉진되고 크게 확대되었다. 하나는 1600년 12월에 엘리자베스 1세가 "동인도와 교역하는 총독 및 런던 상인들"의 명의로 특권을 허락한 영국 동인도회사이고, 다른 하나는 1602년에 "통합 동인도회사Vereenigde Oest-Indische Companie"라는 이름과 함께 탄생한 네덜란드 동인도회사이다. 이 두 회사는 당대 경제계의 두 거인으로서, 예전에 다른 어떤 회사도 엄두를 내지 못한 크기의 부를 움직이고 새로운 사업 기술을 도입했다. 마지막이지만 중요한 것으로, 두 회사는 각 정부로부터 주목할 만한 특권을 얻었는데, 그중에는 동인도와의 무역 독점권과 그 지역 나라들에서 원하는 만큼의 은을 수출할 수 있는 권한이 있었다. 1659년과 1700년 사이에 영국 동인도회사는 8레알 은화를 374만 5,898

파운드 스털링어치 수출하였고, 네덜란드 동인도회사는 1602년과 1795년 사이에 대부분 8레알 은화로 이루어진 은 5,700퀸틀을 수출했다. 무엇보다 극동 국가들과 유럽의 관계가 밀착되고 심화되면서, 유럽은 예전에는 몰랐던 동양 생산품들을 알게 되었다. 고전적인 사례가 바로 차茶이다. 차는 1664년에 처음으로 단 2파운드 4온스가량의 잔짐으로 영국에 실려 왔는데, 1720년이 되면 동인도회사의 주요 수입 품목으로서 종래의 비단을 결정적으로 대체하기에 이르렀다. 그 결과로 대對중국 무역에서 견실한 적자가 나기 시작했다.

인도의 무굴 제국과 중국은 유럽과의 무역 및 통화 관계와 관련하여 공통된 특색을 갖고 있었다. 그러나 주목할 만한 차이점도 있었다. 무굴 제국의 황제들은 통화 주권에 대해 예민하게 반응하여 외국 화폐가 자기 나라에서 자유로이 유통되는 것을 허락하지 않았다. 그러므로 인도에 유입된 8레알 은화는 즉각 녹여져 자국 통화인 루피화로 바뀌었다. 반면에 중국에서는……. 아무래도 중국에 대해 적절하게 말하기 위해서는 새로운 장이 필요할 것 같다.

스페인 은의 세계사

| 9장 |

은이 도착한 곳

중국인들은 금화나 은화를 전혀 주조하지 않았다. 중국 제국은 유럽 국가들과는 달리 처음부터 동전(청동화)으로만 이루어진 통화 체제를 갖고 있었다. 금화나 은화는 전혀 없었다. 동전은 국지적인 소규모 거래와 관련된 결제와 일당 지불의 경우에만 사용되었다. 동전은 대량 구매나 국제적인 교역처럼 상당히 중요한 거래에는 사용되지 않았다. 이처럼 마땅한 지불 수단이 없었던 다른 차원의 거래 때문에 은의 필요성이 대두했다. 마찬가지 이유로 은은 세금 납부를 위해서도 필요했다. 그리하여 이미 살펴보았듯이 중국에서는 그들이 귀금속으로 직접 주조한 화폐가 없었으나, 은은 은괴나 외국에서 수입한 주화의 형태로 풍부하게 유통되었다. 중국인들은 은으로 지불할 필요가 있을 때면, 가위로 은괴나 8레알 은화 등의 주화를 편리한 무게만큼 조각들로 잘라냈다. 각 조각은 무게에 상응하는 가치를 가질 수 있었다. 바꾸어 말해, 중국에서 은은 화폐라기보다는 물품으로, 즉 무게 단위로 다루어졌다. 역설적인 것은 중국인들이 선호한 화폐가 8레알 은화였다는 것이다. 한 사료에 따르면, 중국인들은 8레알 은화의 "애호가들enamorados"이었고 서양인들에게 반드시 8레알 은화로 지불해야 한다고 주장할 정도였다고 한다. 그러나 중국인들은 그렇게도 바라마지 않던 레알을 대량으로 얻었지만, 레알을 화폐로 유통하지는 않았다. 왜냐하면 이미 말했듯이 중국에는 귀금속으로 만든 화폐의 전통이 존재하지 않았기 때문이다. 긁어모으는 데 성공한 막대한 양의 레알 은화들을 갖고서 중국인들이 한 일은 이 은화들을 녹여 은괴로 만들거나 가위로 잘라 지불에 필요한 만큼의 양으로 편리하게 조각내는 것이었다. 그림 8(73쪽)의 은화는 틀림없이 교환 가치를 줄이기 위해 잘라낸 레알 은화이다.

　레알은 유럽을 거치기보다는 오히려 멕시코 남부의 아카풀코에서 갈레온 선에 실려 곧바로 필리핀의 마닐라로 간 다음, 이곳에서 다시 중국 상인들을 통해 중국으로 수송되었다(74쪽의 그림 9를 보라). 이 수송망의 중요성에 대해 대략적이나마 언급하자면, 1602년 멕시코 당국이 마드리드에 보고했듯이 한 해에 아카풀코에서 마닐라로 직접 이동한 은이 8레알 은화로 약 500만 레알(약 143톤)에 이르렀다는 사실을 말해두는 것으로 충분하리라.

　　　　　　　　　　　　　　　스페인 은의 세계사

은이 중국으로 가는 두 번째 경로는 베라크루스나 파나마에서 출발하여 세비야에 도착한 뒤 불법적으로 포르투갈로 운송된 다음, 여기서 포르투갈 선박에 실려 희망봉을 돌아 고아에 도착하고, 계속해서 마카오로 이동하여 마침내 중국에 닿는 길이었다. 16세기와 17세기에 포르투갈 선박들은 6톤에서 30톤가량의 은을 매년 마카오로 실어 날랐던 것으로 보인다.

중국으로 향하는 은의 또 다른 경로는 일단 아메리카에서 세비야로 수송된 뒤 합법적이거나 불법적인 방식으로 런던과 암스테르담, 제노바를 거쳐 가는 길이었다. 은은 암스테르담과 런던에서 출발하여 바닷길로 동남아시아로 실려 가거나, 투르크와 페르시아, 인도를 지나는 육로로 수송되었다. 이때 알레포와 수라트, 모카는 레알 은화가 인도와 중국으로 가는 여행길에 들르는 중심 도시들이었다. 그런 이동 경로를 반추하며 포르투갈 상인 고메스 솔리스는 1621년 런던에서 출간한 『은에 대하여Arbitrio sobre la plata』에서 이렇게 썼다. "은은 자신의 편력 여행을 통해 전 세계를 떠돌다가 중국에 도착하는데, 중국은 은의 자연스러운 중심지가 된다." 또한 돈 오노모 데 바누엘로스 이 카리요 제독은 "중국 황제는 페루에서 수입된 은괴만으로도 궁전을 건설할 수 있다."라고 말했다.

레알은 1530년경 발칸 반도에도 출현했다. 약 50년 후에는 대량의 은이 오스만 제국의 콘스탄티노플을 비롯한 여러 상업 중심지에서도 발견되었다. 은화는 일반적으로 형편없이 주조되어 볼품 없었지만, 화폐에 별다른 조예가 없던 투르크인들은 은화를 열렬히 받아들였다. 1585~1586년과 17세기 내내 이루어진 심각한 평가절하 이후에 투르크 화폐는 점점 희귀해졌고 그 빈자리를 외국 화폐, 무엇보다 8레알 스페인 화폐가 대체했다. 그리하여 지방 관리들은 지방 국고를 레알로 채울 정도였다. 그리하여 빈첸초 토나리니는 1780년에 출간한 『무역표Ragguagli dei cambi』 시리즈의 한 권에서 다음과 같이 썼다. "각종 외국 화폐가 투르크에 돌아다녔다. 조폐소들은 유대인의 수중에 있었고, 자국 화폐는 항상 부족한 상태였다. 독일 탈러의 가치가 매우 높았으나, 가장 가치 있는 것은 세비야와 멕시코 혹은 포토시에서 만들어진 스페인 주화들이었다."

할릴 사힐리오글루 교수가 썼듯이, 17세기 내내 그리고 부분적으로는 18세기까지도 오스만 제국은 동양으로 가는 스페인령 아메리카산 화폐와 은의 통과 지역으로 기능했다. 많은 레알이 오스만 제국으로 흘러들어 갔고, 그중 상당한 양이 그곳에서 벗어나 무엇보다 페르시아와 인도로 직접 향했다. 당시 오스만 제국은 이 두 나라와의 무역에서 심각한 무역 적자를 감수하고 있었다.[16]

레알은 러시아에서 페르시아로 유입되기도 했다. 러시아인들은 페르시아에서 무엇보다 비단과 공단, 다마스쿠스 원단, 태피터*, 면화와 면직물, 모로코 가죽, 향, 인디고를 비롯한 기타 염료를 수입했다. 러시아는 이 물품들과 교환하여 페르시아에 모피와 러

스페인 은의 세계사

시아 가죽, 모스크바 유리를 수출했다. 그러나 러시아의 수출품은 그들의 수입품에 비해 현저히 가치가 떨어졌고, 그래서 러시아인들은 은, 무엇보다 레알이 상당수 포함된 은화로 무역 적자를 메웠다. 1637~1638년 페르시아를 방문한 아담 올레아리우스는 이스파한**을 비롯해 그 밖의 상업 중심지들에서 스페인 레알이 라이히스탈러보다 선호되고 있으며, 유럽인들이 그 도시들에서 페르시아물품을 구입한다고 언급했다.

만일 아카풀코와 필리핀 사이의 직통 교역을 제외한다면, 16세기와 17세기의 국제 무역은 다음과 같이 요약해서 묘사할 수 있을 것이다. 은화로건 은괴로건 멕시코와 페루에서 스페인으로 이동한 대량의 은이 다시 스페인에서 유럽 각지로 흩어졌다. 그리고 유럽 각지로부터 많은 양의 은이 다시 동양으로 향했고, 궁극적으로 인도와 중국에 기착했다. 거꾸로, 대량의 아시아 생산물이 유럽으로 향했고, 대량의 유럽 생산물은 다시 아메리카로 갔다. 주로 8레알 은화로 대표되는 스페인령 아메리카의 은은 이와 같은 무역체제가 기능하는 데 필요한 유동성을 공급했다. 이러한 체제는 적절한 유동성이 결핍되어 있던 중세에는 상상할 수 없는 것이었다.

---

* 씨실과 날실을 한 올씩 엇바꾸어 짠 광택이 있는 얇은 비단.
** 이란 중부의 도시. 16~17세기에는 이란의 수도였다.

10장

너무도 형편없는, 그러나 모두가 원한 은화

도밍게스 오르티스 교수는 자신의 책 『스페인의 황금시대』에서 여전히 다음과 같이 쓰고 있다.

> 진정한 (스페인) 경제 제국은 없었거니와, 당시의 기술과 운송 상태를 감안한다면 그럴 수도 없었다. 그 대신, 아메리카에서 얻은 풍부한 양의 은과 금, 전 세계에서 호평을 받은 대량의 주화들에 기초한 일종의 카스티야 화폐 제국이 있었다. 이 화폐 제국은 정치 제국보다 더 방대하고 더 견고했다. 도블론doblone 금화와 8레알 은화(견고하다고 해서 '두로'라고 불리기도 했고, '페소'나 '피아스트'로 불리기도 했다)는 세계 각지에 유입되었고, 오늘날의 달러와 예전의 파운드 스털링처럼 도처에서 높은 평가를 받으며 보유되었다. 동지중해 각지에서

스페인 화폐가 오스트리아 화폐 및 투르크 화폐와 나란히 유통되었다. 세비야에 호송선단이 늦게 도착한다는 소식은 먼 지역들에도 알려졌고, 카스티야에서 하나의 혼선이 빚어지면 그 반향이 멀리까지 일파만파로 증폭되었다. 아시아는 항상 그래 왔듯이 서양의 귀금속을 흡수하는 스펀지와 같았다. 그러나 이제 투르크와 페르시아, 수마트라를 휩쓸고 마침내 그 긴 오디세이를 중국에서 끝낸 것은 더이상 로마의 데나리우스가 아니라 포토시의 은이었다. 중국에서 스페인 왕은 "은의 왕"으로 알려졌다. 그리고 이런 방식으로 스페인령 아메리카의 은은 일종의 세계적 차원의 경제적 통일체를 창출하는데 기여했다.[17]

확실히, 8레알 은화가 어디에나 있었다는 사실은 누구도 부정할 수 없다. 그러나 내가 보기엔 그렇다고 해서 화폐 제국을 운위하는 것은 적절치 않다. 엄청난 톤수의 레알 은화가 유럽 각지를 휩쓸 때, 스페인은 이 대량의 화폐에 대한 일체의 통제권을 상실했으니 말이다. 레알의 분배와 흐름을 조절한 것은 스페인이 아니라, 오히려 처음에는 제노바와 포르투갈이었고 나중에는 네덜란드와 영국의 동인도회사들이었다.

또한 도밍게스 오르티스 교수는 "전 세계에서 호평을 받은 대량의 주화"라고 확언하는데, 이 또한 옳지 않다. 사실, 이 대목에서 우리는 여전히 풀지 못한 하나의 미스터리와 마주치게 된다.

중세에 도처에 유입되고 도처에서 보유되면서 국제 통화의 역할을 수행한 화폐는 피렌체의 플로린과 베네치아의 두카토였고, 19세기에는 파운드 스털링이었다. 이 화폐들에서 공통적으로 발견되는 특질은 바로 고유한 안정성이었다. 피렌체의 플로린과 베네치아의 두카토는 19세기의 파운드 스털링과 마찬가지로 순도에서나 무게 면에서 완전히 안정적인 본질을 지니고 있었다. 이 화폐들은 수 세기 동안 순도와 무게가 한 치도 어긋남이 없었고, 이 때문에 도처에 유입되고 도처에서 보유되었다. 이 화폐들로 지불받은 사람은 자신이 정확히 얼마만큼의 금을 받았는지 알 수 있었다. 이와는 대조적으로 8레알 은화는 안정적인 화폐가 아니었다. 이미 앞에서 본 대로, 8레알의 이론적 프로필은 다음과 같다. 무게 27~27.5그램, 순도 11데나로 4그라노(천분율로 930.555), 순은 함유량 약 25.5그램. 그러나 이미 1574년에 피렌체 조폐소에서 나온 자료들은 레알의 품질에 문제가 있었음을 증언한다. 그에 따르면, 세비야 레알 은화의 순도는 11데나로 3그라노(천분율로 927.08)이고, 톨레도 레알 은화의 순도는 11데나로 1그라노(천분율로 920.139)였다.[18] 같은 해 9월에 피렌체 조폐소는 레알의 순도가 너무 떨어진다는 이유로 다양한 레알 은화를 환전상들에게 반환하기도 했다. 1587년 2월에는 피렌체 조폐소의 감독관들이 "(레알의) 순도가 매우 떨어졌다."라고 통고할 정도였다.[19] 마침내 1642년 2월 14일 제노바에서는 다음과 같은 공고문이 나붙기에 이르렀다. "멕시코와 페루산

8레알 은화들 중 상당수가 우량성과 순도 면에서 마땅히 요구되는 것보다 매우 떨어지는 수준으로서 심각한 결핍이 있음이 발견되었다. 이 공고문의 효력으로, 멕시코와 페루산[레알 은화들]은 어떤 방식으로든 보유와 거래가 거부되고 금지된다고 (…) [명한다]." 그림 10(75쪽)은 금지된 레알들과 허용된 레알들을 식별할 수 있도록 예시를 첨부한 공고문의 사본이다.

얼마 후, 정확히는 1648년 11월에 다시 "무게가 정확하지 않을뿐더러 우량성과 순도에서 심각한 결핍이 있는" 페루산 레알 은화를 금지했다. 당시 조폐소에서 나온 몇몇 자료에 실린 보고서를 통해 우리는 이 "결핍" 현상을 가늠해 볼 수 있다. 1643년 제노바의 조폐소에서 나온 자료들은 다음과 같은 결과를 우리에게 보여 준다.[20]

주화 개수	원산지	평균 무게 (그램)	순도 (천분율)	순은 함유량 (그램)	결핍분 (%)
5와 1/2	페루	27.-	875	23.63	7.34
4와 3/4	페루	26.86	909.72	24.43	4.20
3과 3/4	멕시코	26.98	916.67	24.73	3.02

2년 후인 1645년 4월에 또 다른 제노바 공고문이 스페인 8레알 은화를 화폐로 유통하는 것을 금지했고,[21] 다시 3년 후인 1648년 11월에 다른 제노바 공고문이 "무게가 정확하지 않을 뿐더러 우

스페인 은의 세계사

량성과 순도에 심각한 결핍이 있는" 페루산 레알 은화들을 금지했다.[22]

역시 같은 해인 1648년에 밀라노 정부는 법령을 통해 "제노바를 통해 유입된 우량성이 떨어지는 페루와 세비야산 크로소네* 혹은 8레알 은화의 도입"을 금지했다. 대략 1630년과 1650년 사이에 포토시의 조폐소에서 큰 스캔들이 일어났다. 시장 돈 프란시스코 네스타레스 로차와 다른 조폐소 관리들이 공모하여 20여 년 동안 막대한 양의 가짜 8레알 은화를 주조했던 것이다. 여기서 가짜라고 함은 법적으로 마땅히 함유해야 하는 은이 최소한으로(3분의 1 수준?) 들어갔다는 말이다. 결국 당국이 움직였고 가혹한 처벌이 이루어졌다. 시장 돈 프란시스코 고메스는 사형에 처해졌고, 조폐소 감정인 펠리페 라미레스 데 아에베야노도 마찬가지의 운명이었다. 그러나 어쨌든 일단 페루는 가짜 레알 은화의 세계에 돌입했다.

1645년에 결함이 있는 레알 은화들이 낭트와 렌, 바욘 등지에 신고되었고, 1646년 12월 12일에는 프랑스 화폐법원Cour des Monnoies 이 "얼마 전부터 여기에 페루에서 제조되었다고 하는, 특히나 결함이 많은 스페인 레알이 지불되고 있음을 볼 수 있다."라고 명시하기도 했다.[23] 1651년 쾨니히스베르크에서는 본질적으로 심각한 결

---

* 크로소네(crosone). 16~17세기에 유럽 여러 곳에서 쓰이던 스페인의 8레알짜리 피아스트(piastra) 화의 이탈리아어 명칭이다.

함이 있다는 이유로 막대한 양의 8레알 은화를 거부했다.[24]

1630~1650년에 포토시의 조폐소에서 일어난 가짜 화폐 스캔들은 연루된 주화의 양만 보더라도 그에 버금가는 사례가 없었다. 그러나 가짜 레알, 특히 가짜 8레알 은화의 유통은 스페인 제국의 뜻밖의 장소들에서도 적잖이 반복되었다. 예컨대 세비야에는 매우 평판이 좋은 조폐소가 하나 있었다. 피렌체의 환전상인 조반 바티스타 델라 토레는 1600년에 세비야 조폐소를 일컬어 "조폐소의 여왕"이라고 부를 정도였다. 그러나 1664년 7월 9일에 제노바의 조폐소는 세비야에서 주조되어 카디스를 거쳐 제노바에 도착한 8레알 은화들이 법적으로 마땅히 함유해야 하는 것보다 모자라는 양의 은으로 만들어졌다며 그런 의미에서 가짜라고 화폐 당국에 고발했다.[25]

8레알 은화는 순도만큼이나 무게도 제각각이어서 사실상 통화라기보다는 상품으로 거래되었다. 이것이 관례였다. 여전히 17세기에도 잔 도메니코 페리는 자신의 논문 「무역상Il negotiante」에서 제노바에서는 "양화로도 쓰이고 무게로도 거래되는 스페인의 8레알 은화들은 마치 순수한 덩어리 형태의 은인 양 무게로 거래되고 순도에 따라 판매되었다."라고 썼다.

8레알 은화들은 화폐의 본질이라는 면에서 빈번하게 결함이 발견되었을 뿐만 아니라 그 자체로도 형편없이 주조되어 쉽게 부러지는 나쁜 주화였다(그림 6과 그림 7을 보라). 그렇다면 8레알 은화

스페인 은의 세계사

들이 이렇게 형편없이 주조되어 쉽게 부러지는 나쁜 주화임에도, 또 화폐의 본질 차원에서 신뢰를 잃었음에도 대관절 어떻게 하여 지구 곳곳에서 선호되고 수용될 수 있었던 것일까? 이는 미스터리로 남아 있다. 이에 대해 제시할 수 있는 유일한 가설은 8레알 은화의 힘이 본질적으로 물량 공세에 있었다는 것이다.

16세기와 17세기 동안에 국제 무역의 거대한 발전은 레알 은화가 세계 각지로 대량으로 확산됨으로써 비로소 가능했다. 당시 국제 무역이 도달한 수준이 유지될 수 있는지의 여부는 대량의 레알로 대표되는 유동성이 시장에 지속적으로 공급될 수 있느냐에 달려 있었다. 만일 레알이 거부되어 유통량이 감소한다면, 국제 무역은 급격한 쇠퇴를 감수해야 했다. 이와 같은 점은 당시 외관상 모순적인 공고문들이 오락가락했던 사실에서도 알 수 있다. 각국은 처음에는 스페인 악화가 시장에서 국내 양화를 구축하는 것을 막기 위해 모든 레알을 금지했다가도, 나중에는 특히 동양 국가들과의 무역 활동이 빈사 상태에 빠지는 것을 막기 위해, 그러면서도 국내 화폐를 보호하기 위해 국내 화폐와 레알의 교환 비율을 조정해가며 결국 레알을, 적어도 특정한 레알을 슬며시 다시 허용할 수밖에 없었다.

서양이 찾은 해법

이미 언급한 대로, 영국 동인도회사의 이사들은 어떻게 하면 대중국 무역 수지의 심각한 적자를 타개할지 골몰하면서 밤잠을 설쳤다.

　무역 불균형이 심해질수록 이사들의 고민도 깊어 갔는데, 결국 그들은 18세기 후반경에 이 해묵은 문제의 답을 찾아냈다. 답은 아편에 있었다. 이 마약을 중국에 처음 소개한 것은 마카오에서 아편을 거래한 포르투갈인들이었다. 그러나 이때만 해도 규모는 아주 작았다. 그러나 영국의 왓슨 대령*은 통 크게 생각했다. 그는 영국이 인도에서 끌어낼 수 있는 아편을 최대한 사용하자고 동인도

---

* 영국의 인도 주둔군 장교였던 헨리 왓슨(Henry Watson, 1738~1786년)을 말한다.

회사에 제안했다. 대령의 이 악마적인 계획은 경이롭게도 착착 진행되었다.[26] 18세기 중엽에만 해도 벵골에서 중국으로 수출된 아편의 양은 적었다. 그러나 1776년부터 영국인들이 중국에 수출하는 아편의 양이 급증했다. 이런 추세는 그 후에도 계속되었다. 무엇보다 1830~1840년에 인도의 아편 무역은 예외적인 속도로 성장했다. 이 불법적인 무역이 제공한 엄청난 수익에 이끌려 한 손엔 성경을, 다른 손엔 마약을 든 미국인들도 나타났을 정도였다. 이런 사건의 경제적 결과는 상상하기 쉽다. 중국의 전통적인 무역 흑자가 감소하기 시작했고, 마침내 경악할 만한 적자로 바뀌기에 이르렀다. 1817년 감찰어사監察御史 장환은 중국에서 아편 수입과 무역 수지 악화 사이의 긴밀한 상관관계를 입증한 첫 번째 인물이었다. 홍려시경*인 황작자는 중국 인구의 연평균 아편 소비량을 다음과 같이 평가했다.

1823년과 1831년 사이에 1700만 냥 이상

1831년과 1834년 사이에 2000만 냥 이상

1834년과 1838년 사이에 3000만 냥 이상

• 1냥(tael)=1⅓온스**

이로써 은이 대량으로 중국에서 빠져나와 서양으로 되돌아갔다. 당시에 한 중국 관리는 자신의 회고록에서 다음과 같이 썼다.

"천조天朝가 차와 대황의 판매를 허락하여 만 번에 만 번을 헤아릴 정도로 많은 그 나라들의 인구를 먹여 살리는 데 기여했음에도, 이 외국인들은 감사 표시를 하기는커녕 이 나라를 비참한 지경으로 몰아넣는 아편을 밀수했다. 이런 행위를 반추할 때마다 마음은 비통해지고, 이런 행위를 되씹을 때마다 이성을 잃어버리게 된다."

중국 정부는 이런 일이 중국인의 건강에 대해서든 중국의 은 이용 가능성에 대해서든 미치는 영향에 크게 염려하면서 방어책을 강구했으나, 영국 세력 앞에서는 취약성만을 드러냈고 모든 노력이 수포로 돌아갔다. 그리하여 1839년에 저 유명한 아편 전쟁이 도래하게 되는 바, 이 전쟁에서 중국은 패배하여 굴욕을 면치 못했고, 동양과 서양의 관계는 돌이킬 수 없이 악화되었다.

---

* 홍려시경(鴻臚寺卿). 외교 관련 의전을 담당한 관청의 수장을 뜻한다.

** 원문에는 11/3으로 표기되어 있으나, $1\frac{1}{3}$의 오식으로 보인다. 중국에서 1냥(tael)은 통상 1.3온스였으나 지역마다 조금씩 달랐다. 해관(海關)의 경우에는 $1\frac{1}{3}$(=37.8그램)온스였다.

1. P. J. Bakewell, *Silver Mining and Society in Colonial Mexico: Zacatecas, 1546-1700.*

2. 이 모든 사실에 대해서는 García-Baquero González, *Cádiz y el Alantico (1717-1778)*, capp. I-III을 참조하라.

3. A. García-Baquero Gonzáles, *La Carrera de Indias*, 188~189쪽.

4. A. Domínguez Ortiz, *Las remisas de metales preciosos de Indias en 1621-65*, 563쪽.

5. M. Morineau, *Incroyables gazettes et fabuleux métaux*, 570쪽, 577쪽.

6. A. Szaszdi, *Spain and American Treasure.*

7. A. Szaszdi, *Spain and American Treasure.*

8. O. Gil Farrés, *Historia de la moneda española*, 236쪽.

9. T. Dasí, *Estudio de los Reales de a Ocho*, vol. I, p. CCXXXI, doc. 276, anno 1546; Burzio, *Diccionario*, vol. II, 47~48쪽.

10. T. Dasí, *Estudio de los Reales de a Ocho*, vol. I, p. CCLVIII, doc. 334, anno 1558.

11. F. Argelati, *De monetis Italiae*, parte terza, vol. III, 46쪽.

12. Chaunu, *Séville et l'Atlantique*, vol. IV, 231~233쪽에서 재인용.

13. A. Attman, *American Bullion in the European World Trade, 1600-1800*, 36~37쪽.

　　　　　　　　　　　스페인 은의 세계사

14. Archivio di Stato di Venezia, Senato, Zecca, registro 3, 1608-26, c. 30r.

15. Biblioteca Universitaria di Genova, B III 21.

16. S. Pamuk, *Money in the Ottoman Empire*, 959~965쪽.

17. A. Domínguez Ortiz, *The Golden Age of Spain, 1515-1659*, 302~303쪽.

18. 당대의 스페인 통화 체제에서 화폐의 순도는 다음과 같은 관계식에 따라 데나로와 그라노로 규정되었다. 1파운드=12온스=288데나로. 순수한 금속은 12데나로로 계산되었으므로, 순도 11데나로 4그라노는 천분율로 930.555에 해당했다.

19. Cipolla, *La moneta a Firenze nel Cinquecento*, 88쪽 주석 7, 107쪽 주석 37.

20. Archivio di Stato di Genova, Finanze, parte antica, *Monetarum diversarum*, filza 39.

21. *Ibidem*, c. 78.

22. *Ibidem*, c. 120.

23. A. Dominguez Ortiz, *Falsificación de la moneda de plata peruana en el siglo XVII*, in *Homenaje a Don Ramon Carande*, 147쪽.

24. A. Attman, *American Bullion in the European World Trade, 1600-1800*, 89쪽.

25. Archivio di Stato di Genova, Zecca antica, *Monetarum diversarum*, filza 43, 9 luglio 1664.

26. J. Phipps, *A Practical Treatise on the China and Eastern Trade*.

서인도에 대한 스페인의 정복과 식민화에 대해서는 방대한 문헌 자료가 있다. 여기서 컴퓨터를 검색하여 쉽게 얻을 수 있는 저작 목록을 모두 제시할 필요는 없을 것이다. 이 책의 목적을 위해서라면 독자가 더 많은 정보를 필요로 할 때 찾아볼 수 있는 기본적인 저작들만을 적어 두어도 충분할 것이다. 아래의 저작들에서 일체의 호기심을 충족하기에 충분한 또 다른 자료들을 많이 찾아볼 수 있을 것이다.

Argelati, F., *De monetis Italiae variorum illustrium virorum dissertationes*, Milano, 1750~1759.

Attman, A., *The Russian and Polish Markets in International Trade*, Göteborg, 1973.

Attman, A., *Dutch Enterprise in the World Bullion Trade, 1550-1800*, Göteborg, 1983.

Attman, A., *American Bullion in the European World Trade, 1600-1800*, Göteborg, 1986.

Atwell, W., *International Bullion Flows and the Chinese Economy 1530-1650*, in *Past & Present*, XCV, 1982.

Bakewell, P. J., *Silver Mining and Society in Colonial Mexico: Zacatecas, 1546-1700*, in *Cambridge Latin American Studies*, XV, 1971.

Bancora Canero, C., *Las remesas de metales preciosos desde el callao a España en la primera mitad del siglo XVII*, in *Revista de Indias*, 75 (XIX), Madrid, 1959.

Boxer, C. R., *Plata es Sangre: Sidelights on the Drain of Spanish-American Silver in the Far East 1550-1700*, in *Philippine Studies*, 18, 1970.

Brading, D. A. e Cross, H. E., *Colonial Silver Mining: Mexico and Peru*, in *The Hispanic American Historical Review*, 4 (LII), 1972.

Braudel, F., *Il mediterraneo*, Milano, 1987.

Burzio, H. F., *Diccionario de la moneda hispano-americana*, Santiago de Chile, 2 voll., 1956.

Burzio, H. F., *La ceca de Lima, 1565-1824*, Madrid, 1958.

Burzio, H. F., *El "peso de plata" hispano-americano*, Buenos Aires, 1958.

Burzio, H. F. e Ravignani E., *La ceca del la villa imperial de Potosí y la moneda colonial, Publicaciones del Instituto de investigaciones históricas de la Universidad Nacional de Buenos Aires*, vol. 88, VII, 297, Buenos Aires, 1945.

Capoche, L., *Relación general de la villa imperial de Potosí*, Madrid, 1969.

Challis, C. E.(a cura di) *A New History of the Royal Mint*, Cambridge, 1992.

Chang, H. P., *Commissioner Lin and the Opium War*, New York, 1964.

Chaudhuri, K. N., *The English East India Company. The Study of an Early Joint-Stock Company, 1600-1640*, London, 1965.

Chaunu, P. H., *Séville et l'Atlantique de 1601 à 1650*, Paris, 1955.

Cipolla, C. M., *La moneta a Firenze nel Cinquecento*, Bologna, 1987.

Cobb, G. B., *Potosí and Huancavelica: Economic Bases of Peru, 1545 to 1640*, Ph.D. Dissertation in History, University of California at Berkeley, Berkeley (Calif.), 1947.

Dasí, T., *Estudio de los Reales de a Ocho*, Valencia, 1950-1951.

Domínguez Ortiz, A., *Falsificación de la moneda de plata peruana en el siglo XVII, in Homenaje a Don Ramon Carande*, Madrid, 1963.

Domínguez Ortiz, A., *Las remisas de metales preciosos de Indias en 1621-65, in Anuario de historia económica y social*, 2, 1969.

Domínguez Ortiz, A., *The Golden Age of Spain, 1515-1659*, New York, 1971.

Edkins, J., *Chinese Curency*, Shanghai, 1901.

Elliott, J. H., *Imperial Spain, 1469-1716*, New York, 1963; trad. it. *La Spagna imperiale, 1469-1716*, Bologna, 1982. [존 H. 엘리엇, 『스페인 제국사 1469-1716』, 김원중 옮김, 까치, 2000.]

Elliott, J. H., *Spain and its World 1500-1700*, New Haven, 1989.

Gaastra, F. S., *De vereenigde Oest-Indische Companie en de seventiende en achtiende ecun*, Bijdragen en Mededalingen betreffende de Geschiedenis der Nederlanden, 91, 1976.

García-Baquero Gonzáles, A., *Cádiz y el Atlántico (1717-1778)*, Sevilla, 1976.

García-Baquero Gonzáles, A., *La Carrera de Indias: suma de la contratación y océano de negocios*, Sevilla, 1992.

García Ruiz, A., *La moneda y otros medios de cambio en la Zacateca colonial, in Historia Mexicana*, IV, 1954.

Gil Farrés, O., *Historia de la moneda española*, Madrid, 1959.

Glamann, K., *Dutch-Asiatic Trade, 1620-1740*, Den Haag, 1958.

Guerrero, A., *Catálogo general de monedas de Mexico de 1536-1978*, Mexico, 1978.

Hamilton, E. J., *American Treasure and the Price Revolution in Spain, 1501-1650*, Cambridge(Mass.), 1934.

Haring, C. H., *American Gold and Silver Production in the First Half of the Sixteenth Century*, in *The Quarterly Journal of Economics*, XXIX, 1915.

Herrera, A., *El Duro. Estudio de los reales de a ocho españoles*, Madrid, 1914.

Hodivala, S. H., *Historical Studies in Mughal Numismatics. Occasional Memoirs of the Numismatic Society of India*, vol. II, Calcutta, 1923.

Inalcik, H e Quataert, D.(a cura di), *An Economic and Social History of the Ottoman Empire 1300-1914*, Cambridge, 1994.

Kann, E., *The Currencies of China: An Investigation of Silver and Gold Transactions Affecting China*, Shanghai, 1927.

Levene, R., *La moneda colonial del Plata, in Anales de la Facultad de Derecho y Ciencias Sociales*, s. 3, vol. I, Buenos Aires, 1916.

Lopez Rosado, D. G., *Historia del peso mexicano. Archivio del Fondo*, vol. 29, Mexico, Fondo de Cultura Economica, 1975.

Lytle Schurz, W., *The Manila Galleon*, New York, Dutton, 1939.

Mateu y Llopis, F., *La moneda española*, Barcelona, 1946.

Moeser, K. e Dworschak, F., *Die grosse Münzreform unter Erzherzog Sigmund von Tirol: Die ersten grossen Silber-und deutschen Bildnis-münzen aus der Münzstätte Hall im Inntal. Oesterreichisches Münz-und Geldwesen im Mittelalter*, Wien, 1936.

Moreyra Paz Soldan, M., *La moneda colonial en el Peru: Capítulos de su historia*, Lima, 1980.

Morineau, M., *Incroyables gazettes et fabuleux métaux: le retour des tré-sors américains d'après les gazettes hollandaises, XVI-XVIII siècle*, Paris, 1984.

Padron, F. M., *The Commercial World of Seville in Early Modern Times*, in *The Journal of European Economic History*, 2, 1973.

Pamuk, S., *Money in the Ottoman Empire, 1326-1914*, in Inalcik, H. e Quataert, D., op. cit.

Peri, G. D., *Il negotiante Genova*, 1638.

Phipps, J., *A Practical Treatise on the China and Eastern Trade*, London, 1836.

Richards, J. F.,(a cura di), *Precious Metals in the Later Medieval and Early Modern Worlds*, Durham, 1983.

Sahillioglu, H., *The Role of International Monetary and Metal Movements in Ottoman Monetary History*, in Richards, J. F., op. cit.

Schurz, W. L., *The Manila Galleon*, New York, 1959.

Serrano Mangas, F., *Armadas y Flotas de la Plata (1620-1648)*, Madrid, 1990.

Serrano Mangas, F., *Naufragios y rescates en el tráfico indiano durante el siglo XVII*, Extremadura, 1992.

Sperling, J., *The International Payments Mechanism in the Seventeenth and Eighteenth Centuries*, in Economic History Review, 14, 1962.

Spooner, F. C., *The International Economy and Monetary Movements in France, 1493-1725*, Cambridge(Mass.), 1972.

Szaszdi, A., *Spain and American Treasure: The Depreciation of Silver and Monetary Exchange in Viceroyalty of Lima, 1550-1610*, in *The Journal of European Economic History*, 4, 1975.

Vilar, P., *Oro e moneta nella storia 1450-1920*, Bari, 1971.[피에르 빌라르, 『금과 화폐의 역사 1450-1920』, 김현일 옮김, 까치, 2000.]

Weber, H., *La Compagnie Française des Indes (1604-1875)*, Paris, 1904.

Wittich, E., *Die Geschichte der Münze in Mexico 1535-1935*, in *Ibero-Amerikanisches Archiv*, 10, 1936.

카를로 마리아 치폴라(1922~2000년)는 이제 우리에게도 낯설지 않은 이탈리아 출신의 저명한 경제사가다. 그는 경제사에 대한 해박한 지식과 폭넓은 인문학적 교양을 바탕으로, 그리고 촌철살인의 유머 감각까지 곁들여 경제사에 대한 날카롭고도 흥미로운 통찰을 보여 주며 학계와 독자 대중을 놀라게 해왔다. 당연하게도, 그의 책들은 영어를 비롯해 수많은 언어로 세계 각지에서 출간되었고, 우리나라에서도 그의 일부 저작이 번역 소개되었다. 다만, 이 책은 이탈리아어와 스페인어 외에 다른 언어 판본이 거의 없는 '희귀한' 한정판이다. 이 역서에서는 이탈리아어본인 Carlo M. Cipolla, *Conquistadores, pirati, mercatanti: La saga dell'argento spagnuolo* (Bologna: Il Mulino, 1996)를 대본으로 삼았다.

원서의 제목만 보면, 이 책의 주인공이 정복자들과 해적들, 상인들*이라고 생각하기 십상이다. 허나 그렇지 않다. 그들은 주연이 아닌 조연, 아니 엑스트라다. 이 드라마에서 주연상을 받아야 할 사람, 아니 받아야 할 것은 바로 '은銀'이다. 더 정확히는 스페인 은, 더 구체적으로는 스페인의 8레알 은화다. 곧 이 책은 스페인 8레알 은화의 역사인 것이다. 이처럼 치폴라는 곧잘 사람이 아닌 물건을 주인공으로 한 역사를 많이 썼다. 은화를 비롯해 대포나 범선, 시계 등이 그런 물건들이다. 또한 그의 책에는 경제사 저작답게 많은 통계 수치가 등장하곤 한다. 이 책도 예외는 아니다. 수數와 물物의 역사가 그의 장기인 셈이다. 그러나 치폴라는 수와 물의 배후에 숨어 있는 인간 군상과 국가들의 욕망과 애증을 드러냄으로써 거기에 인간의 숨결을 불어넣는다. 스페인 은화의 세계 일주를 다룬 이 책에서도 다양한 군상의 물욕이 세계사를 어떻게 움직였는지에 관한 거시적인 통찰을 극히 미시적인 수와 물의 관계를 통해 제시하고 있다.

---

* 제목에 쓰인 '상인'이라는 뜻의 이탈리아어 단어는 'mercatante'다. 그러나 이 단어는 현대 이탈리아어에서 사용되지 않는다. 그 대신, 중복음 혹은 유사음 생략 현상으로 파생된 'mercanti'가 사용된다. 그러나 이 단어도 'commerciante'라는 단어에 비하면 현대에 많이 사용되지 않는다. 한편, 치폴라가 이 책에서 밀무역의 성행을 중요한 요인으로 꼽는다는 점에서 이 책의 '상인'은 직업적 범주가 아니다. 은의 대량 구입과 판매에 참여한 모든 사람을 뭉뚱그려 지칭하는 표현인 것이다. 그런 점에서 역자는 'mercatante'를 '상인'보다는 차라리 좀 더 폭넓고 다소 옛날식 표현인 '장사꾼'이나 '장사치'로 옮기는 게 낫다고도 생각된다.

스페인 은의 세계사

이 책에서 치폴라는 스페인 은의 모험담을 통해 '서양의 대두'라는 중요한 쟁점에 접근한다. 지금까지 오랫동안 서양 학계는 '서양의 대두'를 서양과 서양인들의 내재적이고도 본질적인 어떤 장점과 우월성—예컨대 합리성—으로 설명해 왔다. 그러나 상대적으로 최근에는 그런 '유럽 중심주의적' 접근을 배제하면서 좀 더 역사적인 방식으로 '서양의 대두'를 설명하려는 경향이 우세해진 듯하다. 심지어는 서양이 아메리카에서 '우연히' 발견한 귀금속이 서양의 지배를 가능하게 했다는, 다시 말하자면 횡재했다는 식의 설명도 꽤 큰 설득력을 발휘한다. 치폴라도 일견 그런 해석에 동조하는 듯 보인다. 즉 스페인인들은 코르테스와 피사로 등의 무모한 사업에서 요행히도 성공했고, 나아가 포토시 은광의 발견이라는 '잭팟'을 터뜨렸다. 그뿐만이 아니다. 그들은 독일인들의 광물 추출 기술을 우연히 전수받았고, 또 이 기술에 필요한 수은도 우앙카벨리카 광산을 때마침 운 좋게 찾아냄으로써 충분한 양을 공급받을 수 있었다는 것이다. 치폴라는 이 모든 일을 설명할 수 없는 일련의 마술적인 섭리로 설명한다.

그러나 '횡재론'은 치폴라의 것이 아니다. 행운이 작용한 것은 사실이지만 그 행운을 손에 틀어쥔 인간의 역량 또한 필수적이었다. 가령 스페인인들은 포토시 광산의 개발 이후 체계적인 탐사 활동을 통해 사카테카스 은광이라는 또 다른 막대한 은 공급처를 발견할 수 있었다. 광산에서 얻은 은을 운반하는 일도 만만치 않왔다. 라마의 등짝을 이용한 육로와 선박을 이용한 해로가 복잡하게 얽힌 수송로를 통해 막대한 양의 은이 스페인으로 운반되었던 것이다. 특히 치폴라는 폭풍우와 해적이 들끓던 당시의 험한 바다를 헤쳐 나간 스페인 '호송선단들flotas'을 위대한 혁신으로 추켜세운다. 과연 이 호송 시스템은 당시로서는 놀라운 진보였다. 치폴라는 실제 항해 횟수와 침몰 선박 수를 제시하면서 스페인이 매우 성공적인 수송 기록을 세웠다고 높이 평가한다. 이러한 스페인의 선단 시스템은 20세기 제2차 세계대전 시기에 다시금 영국이 독일의 U-보트에 맞서 채택함으로써 그 놀라운 효능을 재차 입증할 것이었다.

이런 혁신적 시스템으로 스페인은 막대한 양의 귀금속, 특히 은을 유럽에 실어 날랐다. 물론 이 양은 현대적 기준에서 보면 그리 많다고 할 수 없을지도 모른다. 그러나 치폴라는 당시 성행한 밀무역을 통해 운반된 은의 양까지 합친다면 그 전체 양은 무시할 수 없을 정도로 컸다고 추산한다. 또한 중세 내내 유동성의 부족으로 경제가 활성화되지 못했던 저간의 사정까지 고려하면, 이 시기 아메리카에서 유럽으로 유입된 은은 세계 경제라는 혈맥에 풍부한 유동성을 수혈함으로써 가히 혁명적인 방식으로 세계 경제의 비약적인 발전을 자극했다고 주장한다. 그리고 이를 통해 이류 국가였던 스페인이 "세상의 끝"에서 "세상의 중심"으로 우뚝 섰다고 보았다.

과연 스페인의 은괴와 은화, 그리고 무엇보다 8레알 은화는 인기가 많았다. 세계 곳곳에서 8레알 은화를 획득하고 보유하려고 했다. 그러나 스페인 은화는 사실 통화로서는 신통치 않았다. 날림으로 만들어져 내구성이 떨어졌고, 무엇보다 순도가 들쭉날쭉했다. 심지어 법정 순도에 턱없이 미달하는 '가짜' 은화들도 대량으로 주조되었다. 이에 비해 전통적인 금화들, 특히 피렌체의 플로린이나 베네치아의 두카토는 한 치의 오차도 없는 순도를 지닌 안정적인 통화였다. 그러나 왜 불안정한 통화인 스페인 레알 은화가 다른 통화를 제치고 '화폐의 여왕'이 되었을까? 치폴라는 이를 일종의 "미스터리"라고 본다. 이 대목에서 악화가 양화를 몰아낸다는 그레셤의 법칙을 떠올리는 독자도 많을 것이다. 치폴라는 이 신비를 스페인 레알 은화의 물량 공세, 말하자면 인해 전술, 아니 은해 전술(!)로 설명하는 가설을 제시하기도 한다.

그러나 레알 은화의 국적은 스페인이었지만, 정작 스페인에 남은 은화는 미량에 불과했다. 당시 다양한 전선에서 싸우느라 바빴던 스페인 왕실은 이 '보물'을 사실상 구경도 못 하고 전쟁 대금으로 지불해야 했다. 또한 거듭 강조하거니와, 당국의 눈길을 피해 밀무역된 양도 엄청났다. 전체적으로 볼 때, 스페인은 은에 대한 일체의 통제권을 상실하게 되었다. 그 대신, 스페인 은화를 통제한 것은 처음에는 제노바와 포르투갈, 나중에는 네덜란드와 영국의 동인도회사들이었다. 이는 스페인의 쇠퇴를 보여 주는 강력한 증거다. 이처럼 스페인은 자신의 덕과 운으로 얻은 기회를 날려 버렸다.

더 정확히는 다른 나라들에 빼앗겼다. 덧붙이자면, 스페인이 쇠퇴했다는 사실은 그 자체 '횡재론'에 대한 강력한 반증이다. 스페인의 발흥을 행운으로만 설명할 수 없듯이, 스페인의 쇠퇴도 단지 불운으로만 설명할 수는 없는 것이다.

제노바와 포르투갈, 네덜란드와 영국은 스페인의 아메리카 사업의 실질적인 수혜자였다. 특히 제노바와 스페인의 관계가 이채롭다. 제노바인들은 당시 스페인의 엄격한 식민지 이주 제한 조치에도 불구하고 스페인령 아메리카에서 비스페인 유럽인으로서는 수가 가장 많았을 정도로 활동 반경이 컸다. 또한 그들은 스페인 은화의 대부분을 통제했다. 스페인 왕들은 제노바인들이 폭리를 취한다고 분통을 터뜨렸지만, 탁월한 금융 수완을 앞세운 그들의 거부할 수 없는 제안을 받아들일 수밖에 없었다. 그렇다면 제노바는 스페인이라는 거인의 어깨 위에 앉아 거인을 조종한 영리한 난장이였다고 하겠다. 이런 사실은 국제 무역의 무대가 지중해에서 대서양으로 옮겨진 후 이탈리아 도시 국가들의 황금기도 끝났다는 개론서식 통념에 도전한다. 실제로 제노바를 비롯한 이탈리아 도시 국가들은 '대서양 시대'에도 오랫동안 번영을 누렸다. 제노바는 17세기에도 세상에서 가장 바쁜 항구였다. 요컨대 부자가 망해도 3대를 간다는 우리 속담을 떠올리게 하는 이 현상을 가리켜 치폴라는 다른 책에서 늦가을에도 여름처럼 따뜻한 날이 지속되는 '성 마틴의 여름' 혹은 '인디언 서머'라고 부르기도 했다.*

스페인 은의 세계사

그중에서도 제노바는 근대 자본주의와 국가 간 체제의 발전에서 극히 중요한 본보기였다. 제노바를 연구하고 모방하여 경제 패권을 탈취한 나라가 바로 네덜란드와 영국, 특히 이들 나라의 동인도회사였다(이들 나라가 공히 실물 경제 팽창과 금융 경제 팽창의 축적 순환을 경험한 것도 유사하다).** 그들은 스페인 은화를 들고 세계 각지에서 거래했다. 투르크와 페르시아, 인도와 중국 등지에서 말이다. 무엇보다 치폴라가 설명하는 중국과의 관계가 흥미롭다. 여기서 눈길을 끄는 대목은 대對중국 무역에서 서양인들은 사고 싶은 것은 넘친 반면, 팔아먹을 것은 없었다는 점이다. 그래서 그들이 열심히 '민' 상품이 그림이었다. 그러나 중국인들은 종교를 소재로 한 서양화에 관심이 없었다. 그다음으로 내놓은 상품은 누드 모음집 등 욕망을 자극하는 인쇄물이었으나, 이 또한 별로 신통한 결과를 내지 못했다. 그러나 중국인들은 서양인들이 가져온 은을 좋아했다. 서양인들은 은을 가득 싣고 중국에 가서 그곳 생산품을 가득 싣고 돌아왔다. 이런 국제 무역 관계에서 서양은 늘 대 중국 무역 적자를 감수했다. 이 불균형을 뒤바꾼 상품이 바로 영국이 인도에서 조달

---

* 이탈리아 도시 국가들의 '성 마틴의 여름'에 대해서는 Giuliano Procacci, *History of the Italian People* (London: Weidenfeld and Nicolson, 1970), 115~117쪽을 참조하라.

** 경제 패권의 이동과 축적 순환의 유사성, 그리고 제노바의 기원적 중요성에 대해서는 조반니 아리기, 『장기 20세기: 화폐, 권력, 그리고 우리 시대의 기원』, 백승욱 옮김 (그린비, 2008년)을 참조하라.

하여 중국에서 최대 시장을 찾은 아편이었다. 아편 무역을 통해 마침내 서양의 대 중국 무역 수지 적자는 완전히 뒤집히기 시작했다. 동양과 서양의 관계가 본질적으로 역전된 것이다. 물론 이런 설명이 지나치게 도식적으로 보일 수는 있으나, 명백히 세계 무역의 추이와 동양과 서양의 관계를 '큰 그림'으로 보여 주는 장점이 있다.

이렇듯 치폴라는 코르테스와 피사로의 사업을 필두로 포토시 은광의 발견, 우앙카벨리카 수은 광산의 발견, 호송선단의 조직, 해적과 밀수업자와의 전쟁, 8레알 은화와 기타 화폐들 간의 경쟁, 8레알 은화의 세계 일주, 경제적 패권의 이동, 아편 전쟁, 동양과 서양의 관계 등으로 이어지는 세계사의 굵직한 흐름을 이 얇은 책에 압축해 놓았다. 게다가 이 소박한 책에 권위 있는 연구서들은 물론이요, 희귀한 사료들까지 조밀한 방식으로 인용해놓고 있다. 치폴라는 지엽적인 사실들을 과감히 버리고 독자들이 잘 몰랐던, 그러나 정말로 중요한 사실들을 엄선하여 명료한 주장을 제시하고 이를 풍부한 사료를 통해 입증한다. 정말이지 대가의 솜씨라고 아니할 수 없다. 군데군데 나오는 위트 넘치는 문장들도 읽는 재미를 더해 준다. 치폴라가 이탈리아 고문서들을 비롯해 스페인어와 네덜란드어 등을 종횡무진 넘나드는 탓에 역자의 고통은 이만저만이 아니었지만, 그 읽는 재미에 푹 빠져 힘든 줄도 모르고 번역을 끝마칠 수 있었다.

더욱이 역자는 해당 분야의 최고 권위자들의 자문까지 받는 행운을 누릴 수 있었다. 이 지면을 빌려 경북대학교의 황보영조 교수와 서울대학교의 구범진 교수에게 따뜻한 감사의 말씀을 전한다. 물론 오류가 있다면, 그것은 전적으로 역자의 책임임은 두말할 필요도 없을 것이다. 혹여 발견될지 모를 오류는 기회가 닿는 대로 고쳐 나갈 것이다. 또한 이 '희귀한' 책의 가치를 알아보고 출간을 추진한 미지북스의 이지열 대표께도 깊이 감사드린다. 끝으로, 늘 역자의 일 욕심에 걱정이 많은 아내에게도 이제 끝났으니 안심하라고 말해두고 싶다. 하기야 다른 일들이 기다리고 있으니 남편으로서도 할 말은 없다. 다만, 이 작은 책을 이제 막 역사에 관심을 갖는 딸에게, 아직 읽을 수는 없어도, 미리 선물로 주어 위안을 삼고자 한다.

경산에서 장문석

| 찾아보기 |

• 치폴라가 이 책을 이탈리아어로 썼으므로 책에 나오는 수많은 지명들은 기본적으로 '이탈리아화'되어 있다. 그러나 스페인식 표기를 비롯해 프랑스와 독일식 표기 등을 그대로 가져와 쓴 경우도 적지 않다. 아래에서 원어 병기는 원문의 표기를 따랐음을 밝힌다.

스페인 은의 세계사

1500~1800년, 아메리카의 은은 역사를 어떻게 바꾸었는가?

발행일	2015년 7월 21일(초판 1쇄)
	2023년 11월 30일(초판 3쇄)

지은이	카를로 M. 치폴라
옮긴이	장문석
펴낸이	이지열
펴낸곳	미지북스

서울시 마포구 잔다리로 111(서교동 468-3번지) 401호

우편번호 04003

전화 070-7533-1848 팩스 02-713-1848

mizibooks@naver.com

출판 등록 2008년 2월 13일 제313-2008-000029호

책임 편집	김대수, 권순범
출력	상지출력센터
인쇄	한영문화사

ISBN   978-89-94142-42-5 03920

값 11,800원

· 블로그 http://mizibooks.tistory.com
· 트위터 http://twitter.com/mizibooks
· 페이스북 http://facebook.com/pub.mizibooks